Début d'une série de documents en couleur

HENRIETTE

OU

PIÉTÉ FILIALE ET DÉVOUEMENT FRATERNEL

PAR

STÉPHANIE ORY

TOURS

ALFRED MAME ET FILS, ÉDITEURS

BIBLIOTHÈQUE
DE LA
JEUNESSE CHRÉTIENNE

FORMAT PETIT IN-8°

ADOLPHE, ou Comment on se corrige de l'Étourderie, par Et. Gervais.
ANSELME, par Étienne Gervais.
ANTONIO, ou l'Orphelin de Florence, par L. F.
AVENTURES D'UN FLORIN (les), racontées par lui-même.
Aïsséton la jeune Circassienne, par Marie-Ange de T***.
BARON DE CHAMILLY (le), par Étienne Gervais.
BARQUE DU PÊCHEUR (la), par L. F.
BASTIEN, ou le Dévouement filial, par Mme Cécile Farceuc.
BATELIÈRE DE VENISE (la), par Mlle Louise Diard.
BONNES LECTURES (les), Souvenirs et Récits authentiques, par F. Cassan.
CHARITÉ IRLANDAISE (la), par L. F.
CLÉMENTINE, ou l'Ange de la réconciliation, par Marie-Ange de T***.
CORBEILLE DE FRAISES (la), par Marie-Ange de T***.
DIRECTRICE DE POSTE (la), par Marie-Ange de T***.
DUMONT-D'URVILLE, par F. Joubert.
ELISABETH, ou la Charité du pauvre récompensée, par M. d'Exauvillez.
ELOI, ou le Travail, par Étienne Gervais.
EUPHRASIE, ou l'Enfant abandonnée, par Marie-Ange de T***.
EXILÉS DE LA SOUABE (les), par Mlle Louise Diard.
FILLE DU DOCTEUR (la), par Marie-Ange de T***.
FILLE DU MEUNIER (la), ou les Suites de l'Ambition, par Mlle L. Diard.
HENRIETTE, ou Piété filiale et Dévouement fraternel, par Stéph. Ory.
JACQUES BRINVAL ou l'ami chrétien, par J.-N. Tribaudeau.
JUDITH, ou l'une des Mille Merveilles de la Providence, par M. l'abbé Henry, directeur général du petit séminaire de Langres.
LA FAMILLE DE MONTAUBERT, par Félix Joubert.
LOUISE LECLERC suivi de ALEXANDRINE, par Marie-Ange de T***.
LUCIA CESARINI, par Mme de Labadye.
MADAME DE GEYRIER, ou la Pénélope chrétienne, par Marie-Ange de T***.
MARIANNE, ou le Dévouement, par Marie-Ange de T***.
PANURSTIEN, par Fr. Joubert.
PÊCHEUR DE PENMARCK (le), par E. Bossuat.
RICHARD-LENOIR, par Fr. Joubert.
SOLITAIRE DU MONT CARMEL (le).
TANTE MARGUERITE (la), par Marie-Ange de T***.
THÉRÈSA, par E. Bossuat.
TROIS COUSINS (les), ou le Prix du temps, par Théophile Ménard.
VAUQUELIN, par Fr. Joubert.
VICTOR DUTAILLIS, par Fr. Joubert.
VIERGE DES CAMPAGNES (la), ou Vie de la bienheureuse Oringa, par M. l'abbé Henry.
VŒU EXAUCÉ (le), suivi des DEUX MARIÉES, par Maurice Barr.

Tours. — Impr. Mame.

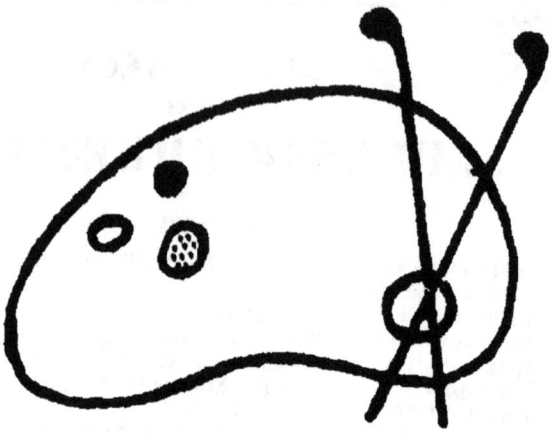

Fin d'une série de documents en couleur

HENRIETTE

SERIE PETIT IN-8º

PROPRIÉTÉ DES ÉDITEURS

Le dimanche Henriette allait faire une promenade avec ses frères et ses sœurs dans les belles prairies de l'Orne.

HENRIETTE

OU

PIÉTÉ FILIALE ET DÉVOUEMENT FRATERNEL

PAR

STÉPHANIE ORY

—

SEPTIÈME ÉDITION

« Distinguons, entre tous les sentiments qui
« doivent animer les membres d'une même fa-
« mille, ce composé de gratitude, de soumis-
« sion, de respect, de tendresse, de crainte,
« qui participe un peu de ce que nous devons
« éprouver pour Dieu, et qui porte aussi bien
« le nom caractéristique de piété. »

(L'abbé Laumern.)

TOURS

ALFRED MAME ET FILS, ÉDITEURS

—

M DCCC LXXXIV

HENRIETTE

ou

PIÉTÉ FILIALE ET DÉVOUEMENT FRATERNEL

―――

CHAPITRE I

Legs d'une mère mourante à sa fille aînée.

« O ma fille bien-aimée, ma chère Henriette, écoute bien les dernières paroles de ta mère mourante, et qu'elles restent à jamais gravées dans ton cœur! Quoique bien jeune encore, tu es l'aînée de la famille, et à ce titre tu dois, quand je ne serai plus, me remplacer auprès de tes frères et sœurs et leur servir de mère. Hélas! tu seras même obligée de leur tenir lieu de père pour longtemps du moins, si ce n'est pour toujours; car qui sait, ma pauvre enfant, si jamais vous le reverrez!... » Ici la malade poussa un profond soupir, et après une pause de quelques instants, pendant lesquels on n'entendait que les sanglots des enfants, elle reprit d'une voix nette, quoique de plus en plus faible : « Rappelez-vous bien, mes chers enfants, que, quand vous serez privés des parents que Dieu vous avait donnés sur la terre, il vous restera toujours dans le ciel un père qui ne vous abandonnera jamais : ce père, vous l'invoquez chaque jour dans la prière que je vous ai enseignée dès que vous avez commencé à parler; rappelez-vous aussi que vous avez auprès de lui une mère tendre et compatissante, la sainte Vierge, que je vous ai aussi appris à aimer et à prier. Cette bonne mère vous aime au moins autant que je vous aime moi-même, et elle est bien autrement puissante que moi, car vous pouvez tout obtenir par son intercession. Je te charge, ma bonne Henriette, d'expliquer plus tard ces paroles à ton plus jeune frère et à ta plus jeune sœur, pour qui elles sont encore inintelligibles; quant à Jean et à Lucie, j'espère qu'ils ont assez de raison pour les comprendre... »

La malade fit ici une nouvelle pause, comme pour se recueillir; puis elle continua en ces termes : « Maintenant ce qu'il me reste à dire s'adresse particulièrement à toi, ma chère Henriette. Tu dois me remplacer auprès de tes frères et sœurs, comme je le disais tout à l'heure. C'est une lourde tâche que je te lègue, je le sais; mais tu as près de quatorze ans, tu as fait ta première communion, tu as terminé ton apprentissage, tu es capable de travailler de ton état, enfin tu es presque une grande fille, et tu n'es plus une enfant. Si donc, obéissant aux derniers vœux de ta mère, tu entreprends avec courage et en mettant ta confiance en Dieu cette tâche que je t'impose, tu la rempliras, je l'espère, complètement et sans qu'elle te paraisse au-dessus de tes forces. Je connais assez ta piété pour n'avoir pas besoin de te recommander d'accomplir avec soin tes devoirs religieux ; mais tu dois veiller aussi avec attention à ce que tes frères et sœurs s'en acquittent avec la même exactitude. Le meilleur moyen de les y engager, c'est l'exemple que tu leur donneras toi-même à cet égard. Étrangers au pays, nous n'avons ici aucuns parents, ni proches ni éloignés, sur l'aide desquels tu puisses te reposer ; ne compte donc que sur ton travail et sur l'aide de Dieu. Lucie et Jean, quoique l'une ait quatre ans et l'autre six de moins que toi, peuvent déjà t'être de quelque secours. Apprends ton état à Lucie, puis à ta petite sœur dès qu'elle sera en âge. En travaillant ensemble toutes trois, vous pourrez largement suffire à tous vos besoins. Je sais bien, ajouta-t-elle en poussant un profond soupir, je sais que d'ici là tu auras de cruelles épreuves à subir ; mais, ma fille, ce rude apprentissage de la vie te sera profitable un jour devant Dieu et devant les hommes. Tu manques d'expérience, il est vrai, et bien des difficultés se dresseront devant toi et te paraîtront d'abord insurmontables. C'est dans ces cas-là qu'il serait bien utile pour toi d'avoir une personne de confiance, comme un proche parent, à qui tu pusses demander conseil ; mais ne te laisse pas pour cela aller au découragement. Quand les difficultés de cette nature se présenteront, commence par adresser à Dieu et à la sainte Vierge une fervente prière pour les supplier de t'éclairer. Quelquefois tu recevras directement une bonne inspiration ; mais je t'engage à consulter le plus souvent M. le curé, ou, en son absence, les bonnes sœurs de Charité qui t'ont élevée, ou enfin Mme Vausseur, ta maîtresse d'apprentissage. Écoute leurs avis comme s'ils venaient de Dieu même, et suis-les ponctuellement et avec docilité. Écoute aussi quelquefois celles des personnes âgées et bienveillantes qui nous témoignent de l'intérêt, telles que la mère Michaud, le père Chopart, le parrain de Jean, et quelques autres encore qui nous ont toujours montré de l'amitié. Cependant, s'il s'agit de quelque chose de grave ou d'important, ne t'en rapporte pas uniquement à eux, et ne suis dans ce cas leurs avis que s'ils sont d'accord avec ceux de M. le curé ou des bonnes sœurs. Ce n'est pas pour t'inspirer de la défiance envers ces braves gens que je te fais cette recommandation; Dieu m'en garde! mais ils sont moins éclairés que les premiers, et quelquefois, avec les meilleures intentions du monde, ils pourraient t'induire en erreur. Je sais combien tu aimes tes frères et sœurs; que cette amitié ne soit pas aveugle, qu'elle ne t'empêche pas de voir leurs défauts, ni surtout de chercher à les corriger. Parle-leur avec douceur, jamais avec colère, toujours avec fermeté; c'est le moyen de t'en faire aimer, et en même temps de t'en faire obéir. »

Un nouveau silence suivit ces paroles; puis elle reprit : « Ma chère Henriette, j'aurais bien d'autres choses à ajouter à ces instructions, et celles-ci même auraient besoin de développements; mais mon état de faiblesse ne me permet pas de t'en dire plus long pour le moment. Si Dieu m'accorde encore quelques jours de vie, e tâcherai de trouver un instant pour t'entretenir de nouveau sur un sujet si important. Dans tous les cas, et pour mieux te le graver dans l'esprit, je puis le résumer en ce peu de mots : Conduite pieuse et régulière, travail assidu, confiance en Dieu, déférence aux conseils des personnes respectables, amour éclairé de tes frères et sœurs : voilà, ma bien-aimée fille, les devoirs que je t'impose, et qui vont faire de toi, presque encore enfant, une véritable mère de famille. Te sens-tu la force de les remplir et d'accepter le lourd héritage que je te lègue à mon lit de mort? »

Henriette, qui avait écouté sa mère avec un profond recueillement en retenant l'explosion de sa douleur, de peur de l'interrompre et de perdre une seule de ses paroles, leva tout à coup sur elle ses yeux mouillés de larmes, et, étendant la main droite vers le crucifix placé au-dessus de la tête de la malade, comme pour prendre Dieu à témoin de l'engagement solennel qu'elle allait contracter, elle s'écria avec transport : « Oui, ma mère, avec la grâce de Dieu, j'aurai la force de remplir les devoirs que vous m'imposez ; j'espère toutefois que je ne serai pas encore appelée de sitôt à subir une si cruelle épreuve, et que vous vous abusez sur votre état ; dans tous les cas, je vous promets ici devant Dieu de me consacrer entièrement à l'accomplissement de la tâche que vous avez cru pouvoir me confier.

— Bien, ma fille, reprit la mère; je n'en attendais pas moins de toi ; l'engagement que tu viens de prendre est une si grande consolation pour moi dans ces derniers moments ! » Puis, s'adressant à ses autres enfants en les appelant chacun par leur nom, elle leur dit : « Lucie,

Jean, Annette, et toi, mon pauvre petit Benjamin, vous avez entendu ce que je viens de dire à votre sœur Henriette, et l'engagement qu'elle a contracté de veiller sur vous à ma place, comme si elle était votre propre mère ; à votre tour maintenant, mes enfants, promettez-moi devant Dieu d'obéir à Henriette non seulement comme à une sœur aînée, mais comme on doit obéir à une mère : me le promettez-vous ?

— Oui, oui, oui, oui ! répondirent les quatre enfants d'une voix étouffée par les sanglots.

— N'oubliez jamais, mes enfants, reprit la mère d'une voix qui avait quelque chose de solennel, les promesses que vous venez de faire de part et d'autre. La persuasion où je suis que vous tiendrez tous rigoureusement ces promesses donne à mon cœur la seule joie qu'il lui soit permis de goûter... Maintenant, mes chers enfants, il ne me reste plus qu'à vous donner ma bénédiction... »

A ces mots, les cinq enfants se mirent à genoux en pleurant, et la mère, étendant sur eux la main droite et faisant le signe de la croix, dit d'un accent profondément ému : « Que le Dieu tout-puissant, Père, Fils, et Saint-Esprit, vous bénisse comme je vous bénis, mes chers enfants, et puisse cette bénédiction demeurer avec vous pendant toute la durée de votre vie !... »

Aussitôt les enfants saisirent cette main chérie, la couvrirent de baisers et l'arrosèrent de larmes.

Cette scène attendrissante durait encore lorsque M. le curé entra. Les enfants se levèrent à sa vue, et la malade lui expliqua en peu de mots ce qui venait de se passer en le priant de vouloir bien ajouter sa bénédiction à la sienne. Le vénérable ecclésiastique s'empressa d'acquiescer à sa demande; les enfants se mirent de nouveau à genoux, et le ministre du Seigneur, les yeux levés au ciel, implora avec ferveur la bénédiction divine sur toute cette intéressante famille.

« Maintenant, dit la malade en s'adressant à Henriette, conduis tes frères et sœurs dans la chambre voisine. J'ai besoin de m'entretenir seule avec M. le curé. »

Henriette obéit aussitôt; elle prit Benjamin et Annette par la main, et, suivie de Lucie et de Jean, elle gagna la chambre d'entrée, qui servait en même temps de cuisine.

Une demi-heure après, M. le curé quitta la chambre de la malade, et prévint Henriette qu'il allait bientôt revenir pour apporter le viatique à sa mère, et lui administrer l'extrême-onction. « O mon Dieu! s'écria la pauvre enfant, ma mère est-elle donc plus malade, que vous allez déjà l'administrer?

— Votre mère, mon enfant, n'est pas plus malade qu'elle ne l'était quand vous l'avez quittée : il n'y a pas plus de danger qu'il n'y en avait alors; mais, comme elle a toujours été une chrétienne fervente, et qu'elle se sent attaquée d'une maladie dont on ne peut prévoir l'issue, elle désire, pendant qu'elle jouit encore de la plénitude de ses facultés intellectuelles, se réconcilier avec Dieu, et se mettre en état de paraître en sa présence, s'il juge à propos de l'appeler à lui. Ne vous alarmez donc pas, mes enfants, de la cérémonie à laquelle vous allez assister; vous savez, vous Henriette, qui avez fait votre première communion, car on vous l'a enseigné dans le catéchisme, que les derniers sacrements administrés aux malades, loin d'aggraver leur état, leur rendent, au contraire, la santé, si Dieu le juge nécessaire à leur salut. Allons, du courage, mes petits amis, priez Dieu pour votre bonne mère. Tout à l'heure je vous enverrai une de nos sœurs de Charité pour vous aider à préparer les choses nécessaires à la cérémonie. A bientôt, mes enfants, et que le bon Dieu vous bénisse! »

En disant ces mots, le vénérable ecclésiastique s'éloigna dans la direction de l'église. En passant, il entra chez les sœurs pour leur annoncer qu'il allait porter le saint Sacrement à la femme Touchain, et pria l'une d'elles d'assister à la cérémonie, et d'aller un peu en avant veiller aux préparatifs. « Je m'en charge, dit sœur Ambroise, avec la permission de notre mère Euphrasie.

— Nous irons toutes les deux, reprit la mère Euphrasie, et nous irions même toutes les trois s'il ne fallait que quelqu'un reste ici pour garder la maison. Mais, dites-moi, monsieur le curé, que pensez-vous de cette pauvre femme? Sœur Ambroise, qui l'a vue ce matin, la trouve plus mal.

— Hélas! ma chère sœur, répondit le curé, si j'en juge par l'expérience que j'ai des malades, je ne crois pas qu'elle ait longtemps à vivre. Après cela, ce n'est qu'une opinion dont je suis loin de garantir l'infaillibilité; Dieu seul est maître de la vie et de la mort, et connaît la vérité.

— Sans doute, reprit la sœur Ambroise; mais, moi aussi, depuis plus de vingt ans, j'ai l'habitude de voir des malades sur leur lit de mort, et mon opinion est tout à fait conforme à la vôtre.

— Mon Dieu, s'écria sœur Euphrasie, quel malheur! Que vont devenir ces pauvres enfants, privés d'une mère si bonne, si pieuse, si dévouée, et avec un père dénaturé qui les a abandonnés après les avoir réduits à la misère par sa mauvaise conduite?

— Ce n'est que trop vrai, reprit sœur Ambroise, et il vaudrait mieux pour eux qu'ils fussent orphelins tout à fait que de ne l'être qu'à moitié comme ils le seront bientôt probablement, ou plutôt il vaudrait encore mieux qu'ils ne fussent orphelins que de père, et qu'ils conservassent une mère si précieuse pour eux.

— Permettez-moi, ma chère sœur, reprit le curé d'un ton grave, de vous faire observer que vous venez de parler comme les gens du monde. Nous autres chrétiens, nous devons tenir un autre langage, et toujours nous en rapporter à la sagesse de la Providence, et adorer ses décrets sans chercher à en sonder la profondeur. Qui sommes-nous pour oser lui tracer des règles sur ce qu'il vaudrait mieux qu'elle fît ou ne fît pas? Les desseins de Dieu s'accomplissent le plus souvent contre toutes les prévisions et les calculs de la sagesse humaine, et fort souvent encore ce que cette prétendue sagesse croit le plus utile et le plus convenable est précisément ce qui est le plus nuisible et le plus contraire à notre bonheur ici-bas et dans l'autre vie.

— Pardon, mon père, répondit sœur Ambroise en

rougissant ; j'avoue que j'ai parlé trop légèrement, et que je me suis rendue involontairement l'écho des propos que j'entends répéter journellement dans le village, propos qui sont l'expression des sentiments de gens qui, comme vous le dites fort bien, jugent les choses au point de vue purement humain et non au point de vue chrétien. Je vous remercie, monsieur le curé, de votre charitable avis; je m'y conformerai désormais, et je tâcherai de ne plus retomber dans une semblable faute.

— C'est bien, ma chère sœur ; qu'il ne soit plus question de cela, et occupons-nous sans délai de l'affaire importante qui m'a amené chez vous : allez de ce pas chez la femme Touchain ; j'y serai au plus tard dans une demi-heure. »

C'est une des plus touchantes cérémonies de l'Église que celle qui prépare le chrétien à la mort. « Venez voir, dit un grand écrivain, venez voir le plus beau spectacle que puisse présenter la terre; venez voir mourir le fidèle. Cet homme n'est plus l'homme du monde, il n'appartient plus à son pays; toutes ses relations avec la société cessent. Pour lui le calcul par le temps finit, et il ne date plus que de la grande ère de l'éternité. Un prêtre assis à son chevet le console. Ce ministre saint s'entretient avec l'agonisant de l'immortalité de son âme, et la scène sublime que l'antiquité entière n'a présentée qu'une seule fois dans le premier de ses philosophes mourants, se renouvelle chaque jour sur l'humble grabat du dernier des chrétiens qui expire. Enfin le moment suprême est arrivé, un sacrement a ouvert à ce juste les portes du monde; un sacrement va les clore ; la religion le balança dans le berceau de la vie; ses beaux chants, ses consolantes prières et sa main maternelle l'endormiront encore dans le berceau de la mort. Elle prépare le baptême de cette seconde naissance; mais ce n'est plus l'eau qu'elle choisit, c'est l'huile, emblème de l'incorruptibilité céleste. Le sacrement libérateur rompt peu à peu les attaches du fidèle ; son âme, à moitié échappée de son corps, devient presque visible sur son visage. Déjà il entend les concerts des séraphins ; déjà il est prêt à s'envoler loin du monde, vers les régions où l'invite cette espérance divine, fille de la Vertu et de la Mort. Cependant l'ange de la paix, descendant vers ce juste, touche de son sceptre d'or ses yeux fatigués, et les ferme délicieusement à la lumière. Il meurt, et l'on n'a point entendu son dernier soupir ; il meurt, et longtemps après qu'il n'est plus, ses amis, ses parents font silence autour de sa couche, car ils croient qu'il sommeille encore, tant ce chrétien a passé avec douceur [1] ! »

Tel est le tableau qu'offrirent les derniers moments de Marguerite Touchain, et nous avons cru ne pouvoir mieux les décrire qu'en reproduisant celui qu'a tracé du chrétien mourant l'illustre écrivain que nous venons de citer.

Les craintes de M. le curé et de sœur Ambroise se réalisèrent plus tôt qu'ils ne l'avaient pensé. La malade

---

[1] Châteaubriand, *Génie du christianisme,* livre 1er, ch. XI.

reçut les derniers sacrements avec une parfaite lucidité d'esprit ; elle écouta avec recueillement les paroles du prêtre, et répondit nettement aux prières, tout en jetant de temps en temps un regard affectueux, résigné, sur ses enfants qui assistaient à la cérémonie. Une force surnaturelle semblait la soutenir, et un observateur superficiel eût pu croire qu'une amélioration sensible venait de s'opérer en elle ; mais ce n'était en réalité que par une force extraordinaire de volonté qu'elle s'était, pour ainsi dire, cramponnée un instant à la vie, afin de pouvoir donner à ses enfants ses dernières instructions et remplir ses derniers devoirs de chrétienne. Cet effort avait achevé de l'épuiser ; à peine le prêtre eut-il terminé les cérémonies qui accompagnent l'administration du sacrement de l'extrême-onction, que la malade, qui jusque-là avait conservé l'usage entier de ses facultés intellectuelles, perdit tout à coup connaissance ; ses yeux devinrent ternes ; une sueur froide et fébrile découla de son front, sa respiration devint courte et rauque, puis cessa tout à coup... C'était son dernier soupir qu'elle venait d'exhaler, sans convulsion, sans agonie, et comme si elle se fût endormie dans un profond sommeil.

M. le curé seul, qui était debout, penché vers le lit de la moribonde, tandis que les assistants étaient encore à genoux, avait remarqué ce qui venait de se passer. Il s'agenouilla aussitôt lui-même, et récita à voix basse le *De Profundis*, mais cependant de manière à être entendu de sœur Ambroise et de sœur Euphrasie ; celles-ci le comprirent et récitèrent la même prière ;

puis, se relevant, il se tourna du côté des enfants, et leur dit : « Mes enfants, votre mère a cessé de souffrir ; elle prie maintenant pour vous dans le ciel. »

Henriette seule comprit le sens de ces paroles, et s'écria éperdue : « O ma mère ! ma mère ! » Et, se précipitant sur le lit, elle couvrit de baisers le visage déjà froid de sa mère. Les autres enfants, sans se rendre bien compte de ce qui se passait, les plus jeunes surtout, poussaient des cris déchirants, et voulurent aussi embrasser leur mère.

Après avoir laissé pendant quelques instants un libre cours à cette explosion d'une douleur bien légitime, M. le curé et les sœurs cherchèrent à calmer les pauvres orphelins. La mère Michaud, voisine et amie de la femme Touchain, emmena chez elle les deux plus jeunes; sœur Euphrasie conduisit Jean chez le père Chopard; Henriette et Lucie restèrent à la maison avec sœur Ambroise, qui se chargea de veiller la défunte, et de s'occuper, avec quelques femmes du voisinage, des préparatifs de l'inhumation.

CHAPITRE II

Marguerite Aubert et Henri Touchain.

Marguerite Aubert, dont nous venons de raconter les derniers moments, était fille unique d'un contre-maître employé aux forges de Pesmes, dans le département de la Haute-Saône. Elle avait perdu sa mère de bonne heure, et dès lors, quoique bien jeune encore, elle avait tenu le ménage de son père avec un soin et une intelligence remarquables. Elle avait reçu une assez bonne éducation, peut-être même au-dessus de sa condition; car un des rêves de sa mère était de lui faire épouser quelque riche bourgeois ou tout au moins un des principaux commis de la forge. « Certainement, disait-elle quelquefois à son mari, notre fille ne sera pas un parti à dédaigner; avec le bien qui lui reviendra de mon côté, et les économies que tu as amassées du tien, elle aura une assez jolie dot; puis, avec l'éducation qu'elle a reçue et sa jolie figure, elle ne sera déplacée nulle part. »

Le mari n'était pas tout à fait de cet avis; il eût mieux aimé que sa fille épousât un simple ouvrier comme lui, que de la marier à un monsieur qui peut-être rougirait de son beau-père. Cependant il n'osait pas trop contredire sa femme, car le père Aubert était d'humeur pacifique ; puis Marguerite était encore bien jeune ; quand le temps serait venu de songer sérieusement à l'établir, c'est alors qu'il se réservait de faire valoir son autorité, et de ne pas se laisser imposer un gendre qui ne lui conviendrait pas. En attendant, à quoi bon contredire sa femme, et se quereller d'avance pour des éventualités éloignées et incertaines ? Aussi, chaque fois que sa femme lui parlait de ses projets sur leur enfant, il se contentait de répondre : « Nous n'en sommes pas encore là ; il sera temps d'en parler quand Marguerite aura dix-huit ans. »

Mais, longtemps avant qu'elle eût atteint cet âge, sa mère mourut, et laissa Marguerite, comme nous venons de voir celle-ci laisser à son tour sa fille Henriette, à la tête du ménage. Les conditions étaient bien différentes. Marguerite, ayant pour protecteur et pour appui un père qui l'aimait tendrement, se trouvait chargée de diriger une maison où rien ne manquait, soit en ameublements, soit en provisions, de ce qui constitue le ménage d'un bon ouvrier dans l'aisance. Elle n'avait pas à s'occuper des moyens de parer aux dépenses de toute nature ; le produit de la paye de son père y fournissait largement, sans parler du petit héritage qu'elle tenait de sa mère, et dont les revenus en nature fournissaient du blé et du vin au delà de ce qui était nécessaire à la consommation de trois personnes. Car le père Aubert, pour ne pas fatiguer sa fille, avait conservé une domestique qu'il avait prise pendant la maladie de sa femme, pour faire tous les gros ouvrages de la maison. Les fonctions de Marguerite se réduisaient donc à tenir la maison avec ordre et propreté, à faire un peu de cuisine, à surveiller les dépenses, à tenir le linge en bon état, en un mot, à toutes les occupations qui sont du ressort d'une bonne ménagère. Nous avons dit qu'elle s'acquittait de ses fonctions d'une manière qui la fit remarquer. Aussi, dès qu'elle s'approcha de l'âge où l'on supposait que son père songerait à la marier, les prétendants ne manquèrent pas. Chaque mère de famille eût désiré pour son fils une femme aussi accomplie. Les propositions les plus brillantes, et qui auraient fait tressaillir d'aise le cœur de la mère Aubert, furent adressées au contremaître de la part de riches fermiers, d'un gros marchand du bourg, et même d'un notaire. Mais le père Aubert, fidèle à ses idées, et ne craignant plus l'opposition de sa femme, ne voulut pas entendre parler de donner sa fille à un homme d'une autre condition que la sienne; d'ailleurs, et c'était là son grand argument, il ne voulait pas s'en séparer, eût-elle dû épouser un prince. « Je lui trouverai, se disait-il, un simple et bon ouvrier, comme je l'étais moi-même quand j'ai épousé sa mère, nous demeurerons tous ensemble. Je commence à me faire vieux; il me remplacera dans mes fonctions de contremaître; je l'aiderai de mes conseils, et, quand je ne pourrai plus travailler, je me reposerai heureux au milieu de mes petits-enfants. »

Ce rêve était moins ambitieux que celui de sa femme

cependant une cruelle déception l'attendait quand il croyait l'avoir réalisé.

Parmi les ouvriers de la forge se trouvait un jeune homme nommé Henri Touchain, qui était entré depuis peu de temps dans l'usine, et qui avait été spécialement recommandé au père Aubert par un de ses anciens amis. Ce jeune homme était étranger au pays; il était du Berri, et il avait commencé son apprentissage d'ouvrier forgeron dans cette province. Un chômage survenu dans l'usine où il était employé le détermina à venir chercher de l'ouvrage en Franche-Comté. Il trouva d'abord de l'occupation aux forges de Scey-sur-Saône; puis, ayant appris qu'on demandait des ouvriers à Pesmes, il se rendit dans cette localité avec une lettre de recommandation d'un contremaître de Scey-sur-Saône pour le père Aubert. Voici quelques passages de cette lettre qui nous feront connaître quelque chose du caractère de Henri Touchain.

« Le porteur de la présente est un ouvrier que je te
« recommande, mon vieux camarade, et que je te prie
« de tâcher de placer dans votre usine. Il est capable
« et intelligent, mais un peu mou. Il est d'un carac-
« tère faible et qui se laisse facilement entraîner;
« cependant, s'il est bien dirigé, on peut en faire un
« excellent sujet et un très bon ouvrier. »

Le père Aubert, sur cette recommandation, accueillit cordialement le jeune ouvrier; il le fit recevoir sans difficulté au nombre des travailleurs de l'usine, se promettant d'exercer sur lui cette surveillance nécessaire pour le maintenir dans la bonne voie. Henri Touchain parut accepter avec plaisir, et même avec reconnaissance le patronage du vieux contremaître. Il écoutait ses avis avec docilité, ne faisait rien sans le consulter, et, sous l'influence d'un tel guide, il se distingua par son exactitude et son activité. Le père Aubert était enchanté de son protégé, et bientôt il se forma entre le contremaître et l'ouvrier une liaison comparable à celle qui existerait entre un père et un fils.

Cette liaison fit bien des jaloux; car souvent le père Aubert invitait Henri Touchain à sa table, faveur qu'il n'accordait pas facilement aux jeunes gens, surtout depuis que Marguerite était en âge d'être mariée. « Tiens, disait l'un, est-ce que par hasard il songerait à donner sa fille à cet étranger, à cet inconnu qui sort on ne sait d'où, après avoir refusé les plus honorables partis du pays? — Je conçois, disait un autre, que le père Aubert ait refusé sa fille à un notaire ou à un bourgeois; il a donné là une preuve de bon sens; mais puisqu'il voulait, comme cela était convenable, lui faire épouser un homme de sa condition, ne pouvait-il pas trouver parmi les ouvriers de la forge, tous enfants du pays, un gendre qui valût autant au moins que ce freluquet d'étranger? — Oh! reprenait un troisième, c'est que je me suis laissé dire que ce freluquet, comme tu l'appelles avec raison, avait donné dans l'œil de la petite parce qu'il a un air demi-monsieur et des paroles mielleuses qui ne ressemblent pas aux rudes manières de nous autres forgerons francs-comtois; et, s'il en est ainsi, tu sais que le père Aubert ne refuse rien à sa fille. — Si le père Aubert ne refuse rien à sa fille, dit celui à qui le dernier interlocuteur s'était adressé et qui était un homme aux formes athlétiques, aux muscles d'acier, au teint brûlé par le feu des fourneaux, nous ne sommes pas faits, nous autres, pour nous soumettre aux caprices de cette petite mijaurée, et je connais quelqu'un qui pourrait bien donner à son galant une danse dont il se souviendrait longtemps, et qui le dégoûterait de venir faire la cour à des filles qui ne sont pas faites pour lui. » Et en disant ces mots cet homme fermait le poing et allongeait le bras avec un geste significatif. « Allons, Jean-Pierre, reprit le troisième, pas d'imprudence, mon vieux ; à quoi te servirait d'assommer le Berrichon : crois-tu qu'elle t'en aimerait davantage ? Oh ! mon Dieu ! laisse-la faire, si cela lui convient ; elle sera bien assez punie si elle épouse cet individu, qui, après tout, n'est qu'un hypocrite, et je ne lui donne pas six mois de ménage pour qu'elle se repente amèrement de ce choix malencontreux. »

Ces propos et d'autres semblables revenaient aux oreilles du père Aubert ; mais il les attribuait à l'envie, et n'en continuait pas moins de montrer la même bienveillance à son protégé. Celui-ci, de son côté, n'avait pas tardé à s'apercevoir des mauvaises dispositions de ses camarades ; un instant même il en avait été effrayé, car il était loin d'être brave. Cependant, rassuré par la continuation des bontés de son protecteur, il finit par penser que les suppositions des autres ouvriers pouvaient être réelles, et qu'il était à même de montrer des prétentions qu'il eût regardées jusque-là comme trop audacieuses, et auxquelles il n'eût pas songé sans les propos qui circulaient à tort ou à raison. Il résolut donc de s'assurer des dispositions du père Aubert à son égard en s'ouvrant directement à lui : « Vous savez, lui dit-il un jour, les propos qui se tiennent sur mon compte au sujet de Mlle Marguerite ; si ce qu'on dit était vrai, si j'avais été assez heureux pour pouvoir, avec votre agrément, élever mes vœux jusqu'à votre fille, je braverais ces propos et je ne ferais qu'en rire ; mais, pauvre, étranger, orphelin, vous me rejetteriez avec dédain si j'osais vous faire une pareille demande ; alors il vaut mieux qu'à mon grand regret je cesse désormais des visites qui ne pourraient que compromettre votre demoiselle et me rendre plus malheureux. »

Tout cela fut débité d'un air affligé et presque larmoyant, qui fit une profonde impression sur le bonhomme Aubert ; car ce n'était pas sa fille, mais bien lui qui s'était laissé prendre aux *paroles mielleuses* de Touchain. Depuis longtemps il s'attendait à une déclaration de cette nature, et l'on peut même dire qu'il avait tout fait pour la provoquer ; aussi l'accueillit-il par les paroles les plus encourageantes. « Si vous n'avez aucune intention pour ma fille, lui dit-il, j'approuve la résolution de cesser des visites qui, d'après les sots propos de gens envieux, pourraient effectivement la compromettre ; mais, s'il en était autrement et si vous lui conveniez, ne croyez pas, mon cher Touchain, que je repousserais vos prétentions parce que vous êtes pauvre, étranger, orphelin. Moi aussi j'étais pauvre et orphelin, et simple ouvrier comme vous, quand j'ai épousé la mère de Marguerite, qui était un des meilleurs partis du pays...

— Oh! Monsieur, s'écria Touchain, il se pourrait!...»

Nous faisons grâce à nos lecteurs des exclamations et des transports vrais ou feints du jeune ouvrier en entendant la réponse du père Aubert; nous leur faisons grâce également de la conversation, qui se termina à la satisfaction des deux partis.

Huit jours après, le mariage fut officiellement annoncé, et au bout de trois semaines il fut célébré.

Pendant les premiers temps, le père Aubert n'eut qu'à s'applaudir de son choix. Son gendre continuait, sous sa direction, à se montrer un des bons ouvriers de la forge. La jalousie qu'avait excitée son mariage s'était même éteinte peu à peu, et les autres ouvriers avaient fini par l'accepter comme un des leurs. Malgré les prévisions de celui qui ne donnait pas six mois de ménage à Marguerite pour qu'elle se repentît d'avoir épousé Touchain, plus d'un an s'écoula sans que rien vînt interrompre leur bonheur conjugal. Au contraire, la naissance d'un enfant, la petite Henriette, vint encore le resserrer. Le père Aubert, alors au comble de la joie, songea à prendre dans ses vieux jours un peu de repos, bien mérité après quarante ans de bons services. Il demanda pour toute faveur aux maîtres de forges, ses patrons, de donner à son gendre l'emploi de contremaître qu'il exerçait honorablement depuis plus de quinze ans.

Cette demande fut accordée, non sans quelque difficulté, à cause de la jeunesse du sujet ; mais à la condition expresse que son beau-père continuerait à le surveiller et exercerait ses fonctions au moins en apparence et pendant un certain temps, jusqu'à ce que les ouvriers se fussent accoutumés au nouveau contre-maître.

Ce changement, malgré les précautions prises pour le dissimuler, ne trompa personne, et réveilla, plus actives que jamais, toutes les jalousies qu'avait excitées le mariage de Touchain. Déjà le redoutable Jean-Pierre parlait de *démolir* le nouveau contremaître, ou tout au moins de lui *ficher* une danse, comme il en avait eu l'intention quand il s'agissait de son mariage. Quelques camarades applaudirent et même s'offrirent à être de moitié dans l'expédition. Mais Benoît, l'un d'eux, celui qui déjà une première fois avait recommandé la prudence à Jean-Pierre, leur dit : « A quoi que ça vous servira de *rouler* le contremaître et de lui démolir un membre ou deux ? C'est à vous-mêmes que vous ferez du tort ; car la justice ne plaisante pas pour ces sortes d'affaires. On le plaindra, on l'indemnisera même à vos dépens, et vous, on vous flanquera en prison pour des mois et peut-être pour des années. Croyez-vous que ce sera une recommandation pour trouver de l'ouvrage dans une forge quelconque ? car, pour celle-ci, il ne faudrait pas songer à y rentrer. Tenez, croyez-moi, ayez encore un peu de patience, et, sans que vous vous en mêliez, Touchain fera des sottises qui le feront mettre à la porte par les patrons eux-mêmes. Je connais le particulier : au fond il n'est pas si bon ouvrier qu'on le dit, et sans l'influence du père Aubert il y a longtemps qu'il aurait fait des siennes. Qu'il perde cet appui, et il tombera comme une muraille en ruines quand on ôte les étais qui la soutiennent. Je sais de source certaine que la surveillance de son beau-père lui pèse, et qu'il ne demande pas mieux que d'en être débarrassé. D'un autre côté, il s'est lié dernièrement avec ce grand garnement de Voichot, que vous connaissez tous, et à qui pas un de vous ne voudrait serrer la main ; qu'on le laisse faire, et le Voichot le conduira loin.

— Quoi ! dit Jean-Pierre, Touchain a fait la connaissance de Voichot ? et comment le sais-tu ?

— Eh ! je l'ai appris tout simplement de Voichot lui-même ; non pas que je le fréquente, Dieu m'en garde ! mais j'ai le malheur d'être son cousin issu de germain, et à ce titre il me parle toujours quand il me rencontre. Or donc il m'a dit comme ça l'autre jour : « Dites donc, vous autres les anciens de la forge, vous êtes bien fiers avec un camarade ; parce qu'il a eu des malheurs, on ne peut pas seulement vous parler ni trinquer avec vous ; heureusement que les nouveaux ne sont pas de même, et j'en ai trouvé un, vraiment bon enfant, avec qui j'ai déjà fait quelques parties de piquet et d'écarté, tout en buvant une vieille chopine du vin des Arsures. — Eh ! qui donc est ce nouveau ? ai-je fait. — Pardine, qu'il m'a répondu, c'est le gendre au père Aubert, le mari de la jolie petite Marguerite, que son père m'a refusée en mariage sous prétexte que j'étais un mauvais sujet. — Et comment, que j'y ai dit, que t'as fait pour faire connaissance de Touchain ? — Bah ! qu'il m'a dit, il y a longtemps que je le connais ; je l'ai rencontré à Scey-sur-Saône, quand je suis allé dans ce pays-là pour chercher de l'ouvrage, et nous avons joliment fait la noce ensemble... C'est moi qui l'ai engagé à venir à Pesmes, et à demander une lettre de recommandation pour le père Aubert, en lui faisant entendre que, s'il était plus adroit que moi, il pourrait bien gagner l'amitié du père et obtenir ainsi la main de la fille. Il paraît qu'il a suivi mes conseils, et qu'il a bien joué son rôle, puisque le voilà aujourd'hui le mari de Marguerite, et qu'il vient d'obtenir la place de son beau-père. Du reste, c'est un bon enfant, point fier, et qui, dès qu'il m'a vu, m'a sauté au cou en m'appelant son meilleur ami, et m'a payé à boire sur-le-champ. C'est pas vous autres qui en feriez autant ! — Non, que j'ai dit, parce que nous te connaissons, et bien sûr que si Touchain te connaissait, il te ferait le même accueil que nous. — C'est précisément ce qui te trompe, m'a-t-il répondu ; j'ai raconté à Touchain toute mon histoire depuis *pater* jusqu'à *amen*, et il m'a dit que ce n'étaient que des bêtises, qu'il n'y avait pas de quoi tant en vouloir à un homme ni le montrer au doigt ; que, quant à lui, il ne m'en estimait pas moins pour cela. — Quoi ! ai-je fait, tu lui as parlé même des six mois de prison auxquels tu as été condamné pour... — Oui, certainement ; c'est par là que j'ai commencé. — En ce cas, ai-je repris, cela me prouve que Touchain ne vaut pas mieux que toi. » Et je lui ai tourné le dos en lui disant ces mots.

— Oh! tu as raison, dirent les autres ouvriers ; si Touchain a des accointances avec Voichot, il faut le laisser faire : c'est un homme perdu sans que nous nous en mêlions. »

Cette fois la prédiction de Benoît s'accomplit en tout point et même au delà de ses prévisions.

Une des fonctions dont se trouvait chargé Touchain en sa qualité de nouveau contremaître était d'aller visiter les *patouillets*[1] épars dans la campagne, à une certaine distance de la forge, et situés le plus possible à portée des lieux où l'on recueillait le minerai. Dans ces excursions, qui devaient occuper une partie de la journée, il se faisait accompagner par Voichot, et les deux amis passaient au cabaret une bonne partie du temps qui aurait dû être employée à ces visites. Bientôt Touchain rentra chez lui ou à la forge dans un état de demi-ivresse, dont il ne s'apercevait pas lui-même, mais qui était facilement remarqué des autres. Sa femme lui en fit quelques observations avec douceur ; il se fâcha et répondit qu'il n'avait point d'ordre à recevoir d'elle. Quelque temps après, on s'aperçut qu'il négligeait sa besogne ; les patrons en firent des plaintes à son beau-père en le chargeant de donner à son gendre un avertissement sévère. Quand le père Aubert voulut lui parler, Touchain répondit qu'il n'était plus un enfant, qu'il savait ce qu'il avait à faire, et qu'il se moquait de ses remontrances et de celles de ses patrons.

[1] Espèce de machine hydraulique qui sert à séparer le minerai de fer des parties terreuses.

Étonné de ce langage si nouveau dans la bouche de ce jeune homme qu'il avait toujours trouvé si docile, le vieillard, profondément affecté, ne répondit rien ; jugeant qu'il devait y avoir une cause inconnue à un changement de conduite si extraordinaire, il résolut de la découvrir avant de lui adresser de nouvelles observations. Ce ne fut pas difficile ; les premières personnes qu'il interrogea lui apprirent la liaison de son gendre avec Voichot et leurs parties de débauche au cabaret. Le père Aubert en fut consterné ; cependant il conservait un espoir : apparemment, se disait-il, Henri ne connaît pas cet homme, et quand je lui aurai dit ce qu'il est, il fuira comme la peste une telle société.

Le soir même il en parla à son gendre ; mais quelle fut sa surprise et son indignation quand celui-ci lui répondit tranquillement : « Voilà bien les sots préjugés des gens de ce pays ! Il y a longtemps que je connais Voichot ; c'est un charmant garçon, bon camarade, et qui vaut mieux que bien des gens qui lui jettent la pierre. Faut-il, parce qu'il a commis quelques étourderies de jeunesse, le bannir de la société comme un pestiféré ?

— Vous appelez cela des étourderies de jeunesse ! reprit le père Aubert avec colère ; et moi je les appelle de véritables crimes, que ni la jeunesse ni rien au monde ne saurait excuser.

— Allons, allons, papa beau-père, ne vous fâchez pas ; à tout péché miséricorde.

— Oui, mais c'est à condition que le pécheur montrera du repentir et fera pénitence ; et malheureusement Voichot ne montre que de l'effronterie, du cynisme, et semble même tirer gloire de ses fautes.

— C'est peut-être parce que tout le monde le repousse ; et, si les honnêtes gens se montraient plus indulgents à son égard, il écouterait probablement leurs conseils et se corrigerait. C'est dans cette intention-là que j'ai eu l'idée de l'inviter ce soir à souper avec nous.

— Comment ! s'écria le père Aubert au comble de l'indignation, vous avez eu l'audace d'inviter cet homme à manger à ma table !

— Non pas à votre table, mais à la mienne ; si vous ne voulez pas assister au souper, vous serez libre de manger dans votre chambre.

— Ah çà ! perdez-vous la tête, Touchain, de me parler comme vous le faites ? Voilà déjà le fruit de vos fréquentations avec ce misérable ; eh bien ! je vous déclare que cet homme ne mettra jamais les pieds chez moi, entendez-vous ? ajouta-t-il en élevant la voix.

— Je ne suis pas sourd, et vous n'avez pas besoin de crier si fort ; et moi je vous déclare que je suis aussi chez moi, et que j'ai le droit d'y recevoir qui bon me semble, sans que personne puisse y trouver à redire. »

Ici la dispute s'échauffa tellement et prit des proportions si bruyantes, que Marguerite, effrayée, accourut pour savoir ce qui se passait. Quelle fut sa douleur et sa consternation quand elle apprit la cause de la querelle survenue entre son père et son mari ! Elle se jeta tout en larmes au cou de l'un et de l'autre, essayant d'abord de les calmer, et n'osant donner tort à l'un, dans la crainte d'augmenter encore l'exaspération de l'autre. « Crois-tu, disait le père, qu'il a eu l'infamie d'inviter à dîner Voichot, ce scélérat qui, si l'on lui eût rendu justice, serait allé au bagne de Toulon, où il serait encore ?

— Allons, mon père, calmez-vous ; si Henri avait connu cet homme, il ne l'aurait pas invité.

— Si, je le connais, reprit impétueusement Touchain ; et comme je n'ai pas les mêmes préjugés que vous, et que j'ai le droit d'inviter qui bon me semble à dîner avec moi, il y viendra ; et toi, femme, tu vas de ce pas t'occuper de préparer le souper et de mettre le couvert.

— Mais, mon ami, reprit la femme de sa voix la plus douce, personne ne te conteste le droit que tu as d'inviter qui bon te semble ; seulement il y a des convenances, des préjugés, si tu veux, qu'il ne faut pas braver, et, en recevant cet homme, tu ferais tort à ta réputation et même à la mienne, qui doit te toucher également, car une femme honnête ne saurait recevoir chez elle un pareil homme, ni s'asseoir à la même table que lui.

—Ah ! c'est ainsi que tu prends le parti de ton père contre moi ; c'est bien..., tu t'en repentiras. Puisque vous vous mettez tous les deux contre moi, je ne veux pas lutter davantage ; mais comme je ne veux point avoir la honte de désinviter Voichot, et que d'un autre côté je tiens à ce qu'il ne reçoive pas un affront en se présentant ici, comme m'en a menacé tout à l'heure ton père, je vais l'emmener souper avec moi dans le meilleur hôtel de Pesmes. » En disant ces mots, il ouvrit l'armoire, prit dans le tiroir à peu près tout l'argent qui s'y trouvait, et sortit.

Le père et la fille le regardèrent faire sans mot dire, tant ils étaient stupéfaits. Quand ils se trouvèrent seuls, ils se jetèrent dans les bras l'un de l'autre. « Malheur sur moi, s'écria le vieillard ; malheur sur moi qui t'ai sacrifiée à un pareil homme ! » En prononçant ces paroles il s'affaissa plutôt qu'il ne s'assit sur un fauteuil. Sa fille chercha en vain à le calmer par les plus tendres caresses ; il resta plus d'une heure en proie à une sorte de crise nerveuse qui faisait craindre à Marguerite une attaque d'apoplexie. Un médecin, qu'elle envoya chercher, lui donna une potion calmante, qui fit disparaître peu à peu les symptômes de son exaltation ; mais l'ébranlement causé à tout le système ne s'arrêta pas encore ; et, comme il pouvait avoir d'autres résultats dangereux, le docteur fit coucher le vieillard, en recommandant à sa fille de le veiller et d'éviter avec soin toute cause d'irritation.

CHAPITRE III

Le danger des mauvaises compagnies.

Quelle nuit affreuse pour la pauvre Marguerite! En un instant elle avait vu détruire tout le charme de sa vie, toutes ses espérances de bonheur. Plus d'une fois, il est vrai, depuis son mariage, elle avait eu l'occasion de remarquer la faiblesse de caractère de son mari; mais elle était persuadée qu'au fond il n'était ni vicieux ni méchant. Seulement, comme l'avait fort bien dit l'ami de son père, il était susceptible d'être facilement entraîné au bien ou au mal, selon la direction bonne ou mauvaise qu'il recevrait. Or, depuis qu'il le connaissait, il avait obéi facilement à l'influence salutaire de son père et à la sienne; sauf quelques écarts insignifiants, il ne s'était jamais éloigné du droit chemin; il s'était montré jusque-là bon fils, bon mari, bon père; elle avait donc lieu de le croire engagé pour toujours dans la bonne voie. Et voilà qu'un événement inattendu venait de briser toutes ses illusions! Il n'y avait plus de doute possible; une impulsion pernicieuse, plus puissante que la sienne, plus puissante que celle de son père, le dominait maintenant, et l'entraînerait peut-être à sa porte, à celle de sa femme, de son père et de son enfant !...

Telles étaient les réflexions qui agitaient la malheureuse jeune femme pendant les premiers instants de cette nuit cruelle. Puis, voyant son père assoupi, elle alla chercher son enfant qui dormait dans la chambre conjugale ; elle plaça le berceau tout près du lit de son père, et s'assit entre eux pour veiller tout à la fois sur ces deux êtres chéris.

Quel touchant spectacle que celui de cette fille dévouée, de cette tendre mère, jetant alternativement un regard de sollicitude sur son père, dont le sommeil était agité par des soubresauts fréquents et des rêves pénibles, et sur son enfant, qui souriait en dormant du sommeil de l'innocence, tandis que son cœur était déchiré par la pensée que dans ce moment même son mari oubliait dans d'indignes sociétés ces affections si douces et si sacrées de la famille !

Les grandes douleurs nous ramènent naturellement aux pensées religieuses ; car la religion seule peut donner des consolations pour soulager ces douleurs, des remèdes pour les guérir. Marguerite, après être restée longtemps plongée dans les réflexions que nous venons de résumer, finit par tomber à genoux, et se mit à prier.

Dans la pension où elle avait été élevée, elle avait reçu une bonne éducation religieuse. Après son retour dans sa famille, surtout depuis la mort de sa mère, et plus encore depuis son mariage, elle avait négligé la pratique de ses devoirs de piété ; non qu'elle les eût entièrement abandonnés, mais les occupations multipliées du ménage, et, il faut bien le dire, l'indifférence coupable de son père et surtout de son mari, qui n'attachaient pas grande importance à ces pratiques, lui en avaient fait peu à peu perdre l'habitude. Le malheur qui venait tout à coup de la frapper, et qui semblait lui présager un si funeste avenir, la fit sur-le-champ rentrer en elle-même. Elle s'humilia devant Dieu, lui demanda humblement pardon de ses fautes, puis l'implora avec ferveur pour son père, pour son enfant, pour son mari. Elle passa la nuit entière dans ces pieux exercices, sans que l'inquiétude qui la tourmentait lui permît de se livrer un instant au sommeil. Elle attendait toujours le retour de son mari, prêtant l'oreille au moindre bruit, dans l'espoir qu'il allait revenir. Elle l'attendit en vain. Le jour parut, et Touchain n'était pas rentré. C'était la première fois depuis leur mariage qu'il s'était permis de découcher. Enfin on frappe à la porte. Elle court en toute hâte ouvrir, dans l'espoir que c'est son mari. C'est le médecin, qui, inquiet de l'état où il avait laissé le père Aubert la veille, venait savoir comment il avait passé la nuit. Il le trouva avec un commencement de congestion cérébrale, qu'il combattit à l'aide d'une saignée. Cependant il craignait encore une attaque d'apoplexie, surtout si le vieillard venait à éprouver quelque violente émotion. Sans révéler à sa fille le danger que courait son père, il lui recommanda d'éviter avec le plus grand soin que des scènes pareilles à celle de la veille ne se renouvelassent.

C'était plus aisé à dire qu'à faire. La pauvre femme était bien embarrassée. Si son père lui demandait des nouvelles de son mari, que pourrait-elle répondre? Elle ne savait pas elle-même ce qu'il était devenu depuis vingt-quatre heures; et, si le vieillard apprenait qu'il avait découché, il y avait de quoi lui causer une révolution qui pouvait être mortelle. Se rappelant qu'au moment du départ il avait annoncé qu'il emmènerait souper Voichot dans un des meilleurs hôtels de Pesmes, elle envoya quelqu'un de confiance prendre des informations à la *Croix-Blanche* et au *Grand-Cerf*, les deux principaux hôtels du pays. Elle apprit bientôt que son mari, Voichot et deux autres individus aussi mal famés que celui-ci, avaient soupé au Grand-Cerf, et étaient restés à table jusqu'à deux heures après minuit. Comme ils étaient ivres et faisaient du tapage qui incommodait les voyageurs couchés dans l'auberge, le maître de l'hôtel s'était vu obligé de les mettre à la porte. En ce moment arrivait la voiture qui fait le service des dépêches entre Dôle et Gray; Voichot proposa d'y monter, et d'aller à Dôle achever de *faire la noce*. Cette proposition avait été adoptée avec enthousiasme par les trois autres ivrognes; et ils étaient partis presque aussitôt.

En apprenant cette nouvelle, Marguerite songea pour la première fois à s'assurer de la somme que son mari avait prise dans l'armoire, quand il avait annoncé qu'il allait souper à l'hôtel. Elle reconnut bientôt que cette somme s'élevait à cinquante francs. O mon Dieu! se dit-elle, je croyais qu'il n'avait pris qu'une dizaine de francs;

mais ce n'est pas cette somme que je regrette, c'est l'emploi qu'il va en faire. Dans tous les cas, cela ne peut pas le mener bien loin, cinquante francs entre quatre seront bientôt dépensés, et il faudra bien qu'il revienne quand il n'aura plus rien. Puis, que va-t-on dire à la forge quand on s'apercevra de son absence, et surtout quand on saura en quelle compagnie il se trouve ?

La pauvre femme n'était pas au bout de ses peines, et elle ne s'attendait guère à la nouvelle foudroyante qui allait encore l'accabler.

Au milieu des préoccupations de son esprit, des travaux du ménage, des soins à donner à son père et à son enfant, la matinée s'était écoulée rapidement. Elle se reposait un peu en rêvant aux moyens qu'elle devrait désormais employer pour détourner son mari des mauvaises fréquentations auxquelles il paraissait disposé à se livrer, quand un domestique du directeur de la forge vint lui dire que son maître voulait lui parler sur-le-champ, et l'attendait dans son cabinet.

O mon Dieu! ayez pitié de moi! se dit-elle : que me veut le directeur? C'est probablement pour m'annoncer qu'il va renvoyer Henri... Cependant s'il revenait demain...; pour une absence d'un jour il ne serait peut-être pas si sévère...Enfin je le prierai tant qu'il aura peut-être pitié de nous. Et, tout en faisant ces réflexions, elle jetait un châle sur ses épaules, et arrangeait d'une main tremblante un bonnet sur sa tête.

Après avoir recommandé à sa domestique d'avoir grand soin de son père et de son enfant pendant sa courte absence, elle se dirigea d'un pas rapide vers la demeure du directeur de l'usine. Son cœur battait bien fort en montant l'escalier et en frappant à la porte du cabinet. En entendant ces mots : « Entrez ! » elle éprouva un frisson, et eut à peine la force de tourner le bouton de la porte. Le directeur, en la voyant pâle, abattue, près de s'évanouir, comprit toute la souffrance de cette jeune femme, et en fut touché de compassion. Il la fit asseoir avec empressement, et lui dit avec douceur : « Je conçois, ma pauvre Marguerite, tout le chagrin qui doit vous accabler, vous, ainsi que votre brave père, qui, m'a-t-on dit, est malade par suite de cet événement : sans cela, c'est lui que j'aurais fait appeler et non pas vous. Cependant il ne faut pas vous tourmenter à l'excès ; le mal n'est peut-être pas aussi grand qu'on le craint, et vous pouvez compter que, par égard pour vous et pour votre père, qui depuis plus de trente ans qu'il est employé à l'usine a toujours mérité l'estime de ses chefs, nous ferons en sorte que cette déplorable affaire n'ait pas pour votre mari les conséquences fâcheuses qu'elle pourrait entraîner.

— Vous êtes bien bon, Monsieur, répondit Marguerite un peu plus rassurée, quoiqu'elle se méprît sur les conséquences fâcheuses dont voulait parler le directeur ; j'avais toujours compté sur votre bienveillance, et je me disais que vous ne seriez pas impitoyable pour un moment d'égarement et une absence d'un jour ou deux, tout au plus ; car j'espère bien que mon mari rentrera ce soir, ou demain au plus tard...

— Et qu'est-ce qui vous fait supposer, interrompit

le directeur en attachant cette fois sur Marguerite un regard interrogateur, que votre mari rentrera ce soir ou demain?

— C'est tout simplement parce qu'il n'a pas assez d'argent pour prolonger plus longtemps son absence, et qu'il sera bien forcé de revenir quand il n'aura plus le sou. »

Cette réponse fut faite d'un ton si naturel, que le directeur comprit sur-le-champ que la pauvre femme ignorait encore toute l'étendue de son malheur. Pour s'en assurer, il continua de l'interroger : « Et quelle somme pensez-vous qu'il avait à sa disposition?

— Il avait cinquante et peut-être quelques francs; je m'en suis assurée moi-même il n'y a qu'un instant, quand j'ai appris son départ pour Dôle. J'ai reconnu qu'il avait pris dans l'armoire une somme de cinquante francs, en deux pièces de vingt francs et deux de cinq, que j'y avais placées moi-même hier matin; avec cela, comme il avait toujours quelques menues monnaies dans sa poche, c'est ce qui me fait dire qu'il avait bien cinquante et quelques francs à dépenser.

— Hé quoi! pour faire un simple souper entre deux amis, vous lui avez laissé emporter une somme aussi forte! »

A cette question, Marguerite raconta la scène qui s'était passée la veille quand son mari avait annoncé à son père qu'il avait invité Voichot à souper chez lui, et comment, voyant qu'on lui refusait de recevoir son prétendu ami, il avait ouvert l'armoire et pris, dans le tiroir où l'on met l'argent destiné aux dépenses du ménage, une somme dont elle n'avait songé à se rendre compte que le matin même, parce que l'émotion que lui avait occasionnée la colère de son mari, et l'espèce d'attaque de nerfs qu'avait éprouvée son père, l'avaient empêchée d'y penser plus tôt.

« Je comprends cela très bien, reprit le directeur; ainsi c'est là la seule cause de la maladie de votre père?

— Sans doute : et n'est-elle pas suffisante pour un homme qui avait toujours été accoutumé à trouver de la docilité et de la soumission dans son gendre, de le voir tout à coup lui désobéir et se révolter, pour plaire à un mauvais sujet de Voichot?

— C'est vrai, et cela n'a rien d'étonnant quand on connaît le caractère du père Aubert. Maintenant dites-moi, Madame, savez-vous combien votre mari a dépensé cette nuit à l'hôtel du Grand-Cerf?

— J'ai entendu dire que sa dépense s'était montée à vingt-huit francs.

— C'est juste : douze francs pour le dîner, à raison de trois francs par tête, et seize francs pour le café, les liqueurs et les vins d'extra. » Le directeur lut cette énumération sur un petit papier qu'il prit sur son bureau, puis il se promena quelques instants dans son cabinet en paraissant réfléchir profondément.

Marguerite, qui ne comprenait rien à son silence, se permit de l'interrompre en lui demandant : « Comment se fait-il, Monsieur, que vous sachiez aussi exactement la dépense qu'a faite mon mari cette nuit ?

— Je le sais par la note même que m'en a remise le

maître d'hôtel du Grand-Cerf. Maintenant ce qui vous intrigue sans doute, c'est de savoir pourquoi je me suis informé de cette dépense ; c'est ce que je vais vous apprendre tout à l'heure. Mais d'abord il est bon que nous fassions ensemble la constatation suivante. Votre mari, d'après ce que vous venez de me dire, a emporté hier de chez lui cinquante francs ; il en a dépensé vingt-huit ; il devait donc lui rester encore vingt-deux francs au moins, peut-être bien vingt-cinq à trente, selon l'argent de poche qu'il avait auparavant. La voiture d'ici à Dôle coûte un franc cinquante centimes par place ; c'est donc six francs que ce voyage lui aura coûté ; il pouvait donc lui rester encore seize à vingt francs disponibles, somme suffisante pour faire un bon déjeuner dans une auberge, sauf à revenir à pied, s'ils avaient tout dépensé.

— Mais, Monsieur, c'est précisément là le calcul que je m'étais fait à part moi, quand je vous disais que j'attendais mon mari pour ce soir, ou demain matin au plus tard, et que j'espérais de votre bienveillance pour nous que, tout en le réprimandant sévèrement pour une absence de cette nature, vous ne vous montreriez pas trop sévère.

— Certainement, si les choses se sont passées ainsi, il n'y aura que demi-mal ; la faute n'aura pas été aussi grande que nous l'avons craint, et nous pourrons pour cette fois nous montrer indulgents.

— De quelle faute plus grande, Monsieur, voulez-vous parler ? je ne vous comprends pas.

— Ma chère enfant, reprit le directeur avec bonté,

il m'en coûte de dissiper votre ignorance ; mais si, d'après l'espérance que me fait concevoir votre déclaration, nous n'avons eu qu'une fausse alerte, il est toujours bon que votre mari sache à quels graves soupçons sa conduite irréfléchie et ses liaisons avec de mauvais sujets ont dû l'exposer.

— Oh ! Monsieur, vous m'effrayez ! De quels soupçons voulez-vous donc parler ?

— Voici de quoi il s'agit. Ce matin c'était la paye des ouvriers : votre mari, en qualité de contremaître, a reçu hier soir du caissier une somme d'environ huit cents francs qu'il devait distribuer tantôt aux ouvriers *patouillers* qui sont sous sa surveillance, pour leur paye de quinzaine, à raison de deux francs cinquante centimes par jour. Ces ouvriers, au nombre de vingt-deux, devaient arriver ce matin à six heures au plus tard, afin d'être de retour à leur atelier assez à temps pour ne pas perdre leur journée. Quand ils se sont présentés pour recevoir leur argent, et qu'ils n'ont pas trouvé le contremaître chargé de les payer, je vous laisse à penser quel a été leur mécontentement. Il paraît que d'autres ouvriers, à qui ils ont fait part de leur déconvenue, leur ont dit : « Ah ! vous attendrez longtemps que le contremaître Touchain vous paye ; il est en ce moment occupé à boire votre argent à l'hôtel du Grand-Cerf, avec son ami Voichot et d'autres gars du même acabit... » Les ouvriers, furieux, sont alors venus me porter plainte ; j'ai appelé le caissier, qui m'a dit avoir effectivement remis hier soir à Touchain la somme nécessaire pour payer ses hommes ;

ainsi que cela est constaté sur son livre de caisse, qu'il m'a présenté. Aussitôt j'ai envoyé aux informations, et j'ai appris qu'en effet Touchain n'avait pas couché chez lui, et qu'il avait passé une partie de la nuit à l'hôtel du Grand-Cerf, avec la compagnie que vous savez, et qu'il en était parti à deux heures du matin pour Dôle. J'ai ordonné au caissier de payer les *patouillers* et de les renvoyer immédiatement à leurs travaux. En même temps j'ai chargé le régisseur de partir sur-le-champ pour Dôle, de suivre la trace de Touchain et de ses compagnons, avec le plus de rapidité possible, afin de les arrêter avant que la somme emportée fût entièrement dissipée. »

Pendant ce récit, la pauvre Marguerite était restée comme anéantie. Cependant, à ce mot d'*arrêter*, elle se réveilla comme si elle eût été frappée par une commotion électrique. « Ah ! mon Dieu ! vous allez le faire arrêter par des gendarmes ! Est-il possible ! Quoi ! mon mari serait donc un voleur !... Oh ! mon Dieu ! mon Dieu ! que vais-je devenir ! » Et la pauvre femme éclata en sanglots déchirants.

Le directeur eut toutes les peines du monde à la calmer ; enfin il parvint à lui faire comprendre qu'il n'avait nullement l'intention d'exercer des poursuites criminelles contre son mari ; qu'avant même de l'avoir vue, il n'avait jamais eu la pensée que Touchain, dans sa position, eût été capable de commettre de parti pris un abus de confiance de cette nature, pour s'approprier une misérable somme de sept à huit cents francs. « Ce que vous venez de m'apprendre, ajouta-t-il, confirme parfaitement mon opinion. Votre mari, en prenant chez vous les cinquante francs pour pourvoir largement aux dépenses qu'il comptait faire avec Voichot et ses acolytes, n'avait certainement pas l'idée de toucher à l'argent qui lui était confié. Il y a mieux : sur cet argent il lui revenait à lui-même, pour sa propre paye de quinzaine, soixante francs environ, dont il était parfaitement libre de disposer; c'était donc plus de cent francs qu'il pouvait consacrer à régaler ses nouveaux amis, et, quelque blâmable que fût, au point de vue de la morale et des bienséances, un pareil emploi d'une somme destinée aux besoins de sa famille, on ne pourrait pas l'accuser d'un abus de confiance si, comme je l'espère, il n'a pas touché à l'argent qui lui était confié. Seulement qu'a-t-il fait de cet argent? L'a-t-il laissé chez vous sans vous en prévenir, dans l'intention de venir le reprendre à l'heure de la paye, ce qu'il aurait complètement oublié par suite de son état d'ivresse?

— Oh! Monsieur, s'écria Marguerite, vous me donnez là une lueur d'espérance... Mais, reprit-elle après un instant d'interruption, elle est bien faible; car, s'il eût laissé cet argent à la maison, il l'aurait déposé dans l'armoire, comme cela lui est arrivé plusieurs fois, et je m'en serais nécessairement aperçue quand j'ai visité le tiroir pour savoir ce qu'il avait emporté; cependant je puis m'être trompée, et je vais, en rentrant, fouiller de nouveau dans toute la maison.

— S'il a gardé l'argent sur lui, reprit le directeur, malheureusement il court risque d'être dévalisé par les mauvais gars dont il a fait sa société. Voilà pourquoi j'ai envoyé le régisseur à leur poursuite; c'est un homme actif, intelligent, et qui saura facilement les dépister.

— Je n'en doute pas, Monsieur; mais il est très sévère, et je tremble qu'il ne fasse arrêter mon mari par les gendarmes.

— Ne vous effrayez pas d'avance; si M. Prosny, notre régisseur, est sévère, il est juste. En sa qualité d'ancien capitaine adjudant-major, il tient à ce qu'on observe strictement l'ordre et la discipline. D'ailleurs votre mari a besoin d'une forte leçon; toutefois soyez convaincue qu'on ne la lui donnera qu'en proportion de sa faute. J'ai voulu vous voir, ma pauvre Marguerite, pour causer de tout cela avec vous, et pour tâcher de vous rassurer un peu, vous et votre père, sur les suites de cette vilaine affaire.

— Merci, Monsieur, merci mille fois de vos bonnes paroles, » dit Marguerite; et elle s'éloigna en pleurant.

En retournant chez elle, elle rencontra plusieurs groupes d'ouvriers qui causaient ensemble avec animation. A son approche, chacun se taisait et détournait la tête pour ne pas la saluer. Ces manifestations étaient autant de coups de poignard qui lui perçaient le cœur. Un dernier groupe garda même moins de réserve que les autres; il se composait des anciens compagnons de Touchain, de ceux dont son mariage et sa nomination aux fonctions de contremaître avaient excité fortement la jalousie. Ils ne cessèrent pas leur conversation ni leurs charitables commentaires, quoiqu'elle ne passât qu'à quelques pas d'eux, et qu'elle pût facilement les entendre. « J'espère bien, disait l'un, qu'il en aura au moins pour ses quatre à cinq ans de Belleveaux¹, pour avoir ainsi mangé *la grenouille*. — Il est probable, disait un autre, que son bon ami Voichot voudra l'y accompagner, ne serait-ce que pour lui apprendre à connaître les aises de la maison. — Hein? reprenait Jean-Pierre, n'avais-je pas raison de vouloir le démolir dans le temps? Cela eût au moins épargné bien du chagrin au père Aubert et à sa fille. — Bah! répliqua un autre, il ne t'en aurait pas su plus de gré; après tout, il vaut mieux que cela soit arrivé ainsi; ça leur apprendra à préférer un freluquet d'étranger, un inconnu, à des braves gens du pays. »

C'est au milieu de ce feu roulant de quolibets et de railleries grossières que passa la malheureuse femme avant d'atteindre sa demeure. Aussitôt qu'elle fut rentrée, elle se jeta à genoux aux pieds de son crucifix, offrant à Dieu ce nouveau calice d'amertume, qui probablement ne serait pas le dernier, et en le suppliant de lui donner la force de supporter en chrétienne résignée les nouvelles angoisses qu'il lui plairait de lui envoyer.

Après cette prière, elle s'informa de son père, qui était toujours dans un état d'assoupissement inquiétant; puis elle se mit à chercher partout, à fureter dans tous les meubles et tous les tiroirs, pour s'assurer si son

---

¹ Maison de correction, où l'on envoie une partie des condamnés des départements de l'ancienne Franche-Comté.

mari n'aurait pas laissé par hasard l'argent, comme l'avait supposé un instant le directeur. Elle passa près de deux heures à cette recherche, qui du reste, comme elle ne s'y attendait que trop, ne produisit aucun résultat.

CHAPITRE IV

A quoi peuvent entraîner les mauvaises compagnies.

M. Prosny, le régisseur des forges de Pesmes, était bien l'homme qu'il fallait pour accomplir avec promptitude, adresse et vigueur la mission dont on l'avait chargé. Une demi-heure après son arrivée à Dôle, il était déjà sur les traces des quatre convives de l'hôtel du Grand-Cerf; et, après une autre demi-heure passée en investigations, il avait fini par trouver Touchain et l'un de ses camarades d'orgie, endormis sur la table d'un méchant cabaret borgne, situé dans un endroit isolé d'un faubourg. Après avoir eu beaucoup de peine à les retirer du sommeil abrutissant de l'ivresse dans lequel ils étaient plongés, il demanda à Touchain ce qu'il avait fait de l'argent qu'on lui avait donné pour payer les ouvriers. A cette question celui-ci fouille rapidement dans toutes les poches de ses vêtements, les tourne et les retourne à plusieurs reprises. Pendant cette opération ses membres tremblaient, une pâleur livide s'était emparée de son visage, l'ivresse avait achevé de se dissiper, et tout à coup il s'écria avec un accent de douleur qui ne paraissait nullement feint : « Oh ! monsieur le régisseur, ayez pitié de moi ! J'ai été volé, indignement volé !... Mon Dieu ! que faire ?... O ma pauvre femme ! ô ma pauvre petite Henriette ! qu'allez-vous devenir ?

— C'était hier soir, répondit sévèrement M. Prosny, qu'il fallait penser à votre femme et à votre enfant. Aujourd'hui il faut penser à rendre compte de la somme qui vous a été confiée. Et toi, continua-t-il en s'adressant au camarade de Touchain, par quel hasard te trouves-tu ici ? Est-ce toi qui as volé l'argent au contremaître ? Il y a longtemps que je te connais pour un ivrogne, un fainéant, une vraie *pratique* ; mais je ne te croyais pas un voleur.

— Moi, un voleur ! Qui ose appeler ainsi, moi, Bagnolet, ancien soldat au 42me ?

— C'est moi qui te parle ; regarde-moi un peu, » dit M. Prosny en secouant vivement Bagnolet, qui n'avait pas encore ouvert les yeux. Complètement réveillé par cette rude secousse, dès qu'il eût regardé son interlocuteur, il s'écria : « Ah ! pardon, excuse, mon capitaine, je ne croyais pas..., je ne savais pas... Vous pouvez me condamner à quinze jours de salle de police pour avoir découché : ça je l'ai mérité, c'est vrai ; mais vous avez parlé de vol, je crois, et pour ça je réclame ; car jamais on n'a rien pu reprocher de semblable à Bagnolet.

— Je le sais ; cela n'empêche pas que je vais te faire fouiller par ces messieurs. » Et en même temps M. Prosny fit signe à deux agents de police et à deux gendarmes, dont il s'était fait accompagner, de fouiller les deux individus qu'il leur désigna ; mais on ne trouva rien sur eux.

Touchain subit la visite de ses vêtements d'un air morne et consterné. Bagnolet ne fit que rire, et quand l'examen fut terminé, il s'écria gaiement : « Je vous l'avais bien dit, mon capitaine : rien dans les mains, rien dans les poches ; pas un rouge liard sur tout mon individu ; innocent comme l'enfant qui vient de naître. Maintenant j'espère, mon capitaine, qu'avec votre permission, Bagnolet peut se donner de l'air ? »
Et il se levait comme pour sortir.

« Un instant, dit M. Prosny ; où sont vos deux autres camarades ?

— Voichot et le Petit-Gris ? dit Bagnolet ; mais je pense qu'ils sont ici : est-ce que vous ne les avez pas vus ?

— C'est vrai, reprit Touchain, nous sommes venus ensemble : est-ce qu'ils ne sont pas ici ? »

M. Prosny interrogea alors le cabaretier. Celui-ci déclara que le matin à cinq heures ces deux hommes, accompagnés de deux autres, étaient entrés chez lui et s'étaient fait servir à déjeuner ; puis ils avaient joué aux cartes en continuant à boire jusqu'à huit heures ; alors ceux-ci, accablés de sommeil, s'étaient endormis sur la table ; les deux autres, un grand et un petit dont il donna le signalement, étaient sortis en payant la dépense, et en recommandant de laisser dormir leurs camarades, qu'ils viendraient rechercher dans une heure à deux ; mais qu'on ne les avait pas revus, et il était alors onze heures.

M. Prosny, secondé par les agents de police, se livra aussitôt à de nouvelles investigations, et il apprit bientôt que Voichot et son compagnon étaient partis à dix heures par la voiture de Genève. Il laissa Touchain et Bagnolet à la surveillance de la police, et, montant un cheval de poste, il se mit à courir à franc étrier sur la route de Genève, dans l'espoir d'atteindre la diligence. Il la rejoignit aux Rousses, presque à l'extrême frontière. Voichot et le Petit-Gris s'y trouvaient. Il les fit arrêter au relais à l'aide d'un mandat d'amener dont il s'était pourvu auprès du procureur du roi de Dôle, auquel il avait porté plainte en arrivant dans cette ville. On trouva sur eux, au moment de leur arrestation, la plus grande partie de la somme volée à Touchain. Ils furent ramenés à Dôle par la gendarmerie, tandis que M. Prosny revenait dans cette ville par la diligence publique.

Voichot, le Petit-Gris, Touchain et Bagnolet furent écroués dans la prison de Dôle, sous la prévention pour les uns d'escroquerie et d'abus de confiance, et pour les autres de complicité de ces mêmes délits.

L'expédition de M. Prosny avait duré trois jours. A son retour aux forges de Pesmes, il reçut les félicitations de ses patrons pour l'intelligence et l'activité qu'il avait déployées dans cette affaire. Seulement le directeur manifesta le regret de n'avoir pu le prévenir à temps des faits particuliers concernant Touchain, qui lui paraissait n'être que la victime de l'escroquerie de Voichot, et n'avait jamais eu l'intention de détourner l'argent qui lui avait été confié.

« Et quand cela serait, reprit le régisseur, y aurait-il un grand mal à ce que Touchain fît un mois à six semaines de prévention? Ce sera pour lui une leçon qui lui apprendra ce qu'il en coûte de fréquenter les mauvais sujets, et de s'enivrer avec eux dans les cabarets.

— Vous avez raison, reprit le directeur, et je serais parfaitement de votre avis si le coup ne devait frapper que lui seul ; malheureusement il atteint aussi et sa pauvre femme et son beau-père, qui, à la nouvelle de l'arrestation de son gendre, a eu une attaque d'apoplexie, et est en ce moment à toute extrémité.

— Que voulez-vous, c'est un malheur ; mais à qui la faute? Je plains beaucoup le père Aubert, qui est un brave homme que j'estime ; aussi pourquoi a-t-il donné sa fille à un homme qu'il ne connaissait pas assez? Je plains davantage la fille elle-même, car elle n'a fait qu'obéir à son père. Je crains surtout pour son avenir, car jamais son mari ne se corrigera de sa faiblesse de caractère, qui le rend le jouet du premier venu, à moins toutefois qu'elle ne parvienne à le dominer entièrement, et à le diriger comme un enfant. »

Le père Aubert, comme nous venons de le voir, avait été instruit de l'escapade de son gendre et de ses suites. Cette nouvelle lui avait été brusquement ou, pour mieux dire, brutalement annoncée par un des maîtres ouvriers à qui Touchain avait emprunté quelque argent huit jours auparavant, — probablement pour aller, à l'insu de sa femme, faire quelque partie de débauche avec Voichot, — et qu'il devait lui rendre le jour de la paye.

Marguerite, qui avait caché avec tant de soin à son père ce déplorable événement, était absente au moment de cette funeste visite. A son retour, elle trouva son père dans un état de surexcitation extraordinaire. « Le misérable ! s'écriait-il, il veut donc déshonorer mes cheveux blancs !... Qu'il ne paraisse pas devant mes yeux, ou je lui brûlerai la cervelle ! »

Sa fille, à force de caresses et de larmes, parvint à le calmer un peu. « Avant tout, dit-il, quand des idées moins tumultueuses cesseront de l'agiter, il faut commencer par remplir le vide que ce brigand a fait à la caisse de la forge. Je ne veux pas attendre une heure, une minute de plus, afin qu'on ne puisse pas s'imaginer que je suis complice.

—Oh ! mon père ! s'écria Marguerite, pouvez-vous avoir de pareilles idées ! » Alors elle lui raconta son entrevue avec le directeur, et même l'espoir qu'on avait que la somme serait retrouvée par M. le régisseur. Elle ignorait encore le résultat des recherches de celui-ci.

« Ça m'est égal, reprit vivement le père Aubert, que la somme soit retrouvée ou non, elle n'en a pas moins été détournée de l'emploi qui lui était destiné par un homme dont je me regarde comme responsable, et je dois la réintégrer immédiatement dans la caisse de l'usine. Si on la retrouve plus tard, ces messieurs sont bons pour me la rendre. Va donc de ce pas chez M. le notaire Bernard, qui a des fonds à moi, demande-lui de ma part huit cents francs, et porte-les immédiatement au caissier.

— Je le veux bien, mon père, répondit Marguerite ; mais il me faudra plus d'une heure pour aller chez M. Bernard et de là chez le caissier, et dans l'état où vous êtes je n'ose pas vous laisser seul si longtemps.

— Et moi je veux que tu y ailles sur-le-champ, reprit le vieillard avec une certaine irritation dans la voix ; chaque minute de retard est capable d'augmenter mon mal, et je sens que je ne serai mieux que lorsque j'aurai entre les mains la quittance du caissier. »

Marguerite n'osa pas répliquer ; elle partit sur-le-champ en recommandant bien à la domestique de veiller en son absence sur son père et sur son enfant. Cette absence se prolongea pendant près de trois heures. Le caissier ne voulut pas recevoir l'argent sans l'autorisation de M. le directeur ; celui-ci, appelé, fit d'abord quelques difficultés, en disant qu'il fallait attendre le résultat du voyage de M. Prosny ; qu'il serait toujours temps de rendre la somme si elle n'était pas retrouvée, ou de remplir le déficit s'il en manquait une partie ; mais, sur les observations de Marguerite, le directeur, appréciant la susceptibilité délicate du père Aubert, comprit qu'il fallait le satisfaire, et il donna l'ordre au caissier de recevoir l'argent et de lui donner quittance ; puis il ajouta un billet de sa main pour témoigner au père Aubert toute la part qu'il prenait à son chagrin, l'engageant à se tranquilliser, et l'assurant que l'affaire de son gendre était moins grave que bien des gens, par jalousie, par malveillance, ou même par cette simple disposition de l'esprit humain qui porte à croire plus le mal que le bien, voulaient le faire supposer.

Marguerite revenait plus tranquille en rapportant à son père la quittance qu'il désirait, et le billet si bienveillant du directeur. Mais un nouveau coup l'attendait en rentrant à la maison. Au moment où elle entrait presque joyeuse dans la chambre de son père, elle le trouva étendu sur son lit sans connaissance. La domestique lui dit que le vieillard était tombé dans cet état depuis près d'une demi-heure, et qu'elle avait envoyé chercher le médecin par une voisine.

Le docteur, arrivé presque aussitôt, reconnut tous les symptômes d'une grave attaque d'apoplexie, et ne dissimula pas à Marguerite le danger que courait son père.

Les âmes faibles, et qui ne sont point soutenues par des sentiments religieux, se laissent facilement abattre par le malheur; celles, au contraire, qui sont pénétrées d'une véritable piété, y puisent une force inconnue, et dont elles ne se seraient pas doutées elles-mêmes, pour lutter avec courage contre l'adversité, arrêter ou atténuer ses effets; et, s'ils sont irréparables, les supporter avec résignation.

Certainement si quelqu'un eût prédit à Marguerite, la veille de son malheur, que son mari, à la suite d'une nuit de débauche, serait jeté en prison sous l'accusation d'un délit infamant, et qu'en même temps son père serait atteint d'une maladie mortelle, elle eût répondu qu'elle serait incapable de supporter une pareille calamité; qu'il y aurait de quoi la rendre folle ou la faire mourir de chagrin. Eh bien, ces calamités sont venues fondre sur Marguerite ; elle a cédé un instant à l'orage ; mais bientôt, se rappelant qu'il y a pour le chrétien autre chose que l'abattement stupide ou le désespoir de l'impie, elle a prié, elle a imploré avec confiance la miséricorde de Dieu, et dès lors elle s'est sentie ranimée ; elle a mieux compris ce qu'exigeaient d'elle ses devoirs de fille, d'épouse et de mère, et elle a juré devant Dieu de les remplir dans toute leur étendue, si toutefois il daignait lui accorder la force nécessaire et qu'elle lui demandait humblement.

Dieu sans doute exauça la prière de Marguerite ; car à partir de ce moment cette jeune femme, naguère encore jeune fille gâtée par ses parents, habituée aux adulations et aux flatteries des étrangers, elle qui n'avait jusque-là marché dans la vie que par des chemins unis et bordés de fleurs, en voyant tout à coup se dresser devant elle, comme une montagne escarpée et inaccessible, un avenir sombre, triste, hérissé d'obstacles et de dangers, s'engagea résolument dans les âpres sentiers de cette vie nouvelle, s'abandonnant avec confiance à la direction du guide tout-puissant dont elle avait imploré l'assistance.

Tout le temps que dura la maladie de son père, Marguerite lui prodigua ces soins délicats si précieux à ceux qui souffrent, surtout quand ils les reçoivent d'une personne aimée. Elle fit mieux encore que soigner les souffrances physiques de son cher malade, elle profita d'un moment où il avait recouvré sa pleine connaissance et l'usage de la parole, dont il avait été privé pendant deux jours, pour lui procurer les consolations de la religion. M. le curé de la paroisse, que Marguerite avait fait avertir, se présenta dans cet instant pour voir le malade. Celui-ci, comme nous l'avons dit, sans être un homme profondément irréligieux, était d'une indifférence ou plutôt d'une ignorance complète en matière de religion. Cela tenait principalement à ce que sa jeunesse s'était écoulée au milieu de l'impiété révolutionnaire, et qu'à l'âge où il aurait dû recevoir une instruction religieuse, les églises étaient fermées, les prêtres exilés, et le culte catholique proscrit au nom de la liberté. Il parut d'abord un peu contrarié de la visite de M. le curé ; celui-ci ne fit pas semblant de s'en apercevoir, et adressa au vieillard des paroles empreintes d'une telle bonté, qu'il finit par gagner sa confiance. Deux jours après, le père Aubert se confessait pour la première fois depuis quarante ans, et priait avec instance M. le curé de venir le revoir. On doit penser que le digne ecclésiastique n'y manqua pas, et bientôt il eut la consolation de voir son paroissien, si longtemps négligent de ses devoirs, pleinement réconcilié avec Dieu. Ce fut aussi une grande consolation pour Marguerite, qui même un instant, en voyant son père redevenu plus calme, plus résigné, espéra son rétablissement ; mais cet espoir fut de courte durée, et le vieillard succomba à une nouvelle attaque survenue un mois après la triste équipée de son gendre.

Le jour même de la mort du père Aubert, on apprit le résultat de l'affaire de Dôle. L'instruction et les débats démontrèrent clairement aux juges que Touchain, entraîné par Voichot et par Bourlet, dit le Petit-Gris, s'était enivré au point de perdre entièrement la raison, et avait été dépouillé par eux de toute la somme qu'il avait sur lui. Ceux-ci, ne pouvant nier que l'argent dont ils étaient encore nantis au moment de leur arrestation ne fût celui que Touchain avait sur lui quand ils avaient soupé ensemble à l'hôtel du Grand-Cerf, alléguaient pour toute défense qu'ils avaient joué au piquet avec lui, et qu'ils lui avaient légitimement gagné cet argent. Ils invoquaient le témoignage de Bagnolet, qui avait assisté à leur partie, pour affirmer qu'il n'y avait eu aucune tricherie, et que la chance seule les avait favorisés.

On pense de quelle force pouvait être un pareil argument aux yeux des juges. Le président se contenta de leur répondre : « Mais, puisque vous vous croyiez légitimes possesseurs de l'argent ainsi gagné au jeu, pourquoi cherchiez-vous à passer la frontière et à vous sauver à l'étranger? »

Une circonstance vint encore faire ressortir la préméditation qu'ils avaient apportée à l'accomplissement de leur escroquerie. Il résulta de la déposition du maître de l'hôtel du Grand-Cerf, que, sur la fin du souper, et lorsqu'ils étaient déjà passablement échauffés par le vin, ils demandèrent des cartes pour jouer, ce qui leur fut refusé. Ils se mirent alors à chanter à tue-tête, et à faire un vacarme tel, que le maître d'hôtel fut obligé de les renvoyer. Touchain paya la dépense; il paraissait beaucoup plus ivre que ses compagnons, et quand Voichot proposa d'aller à Dôle finir *leur partie*, lui et Petit-Gris furent en quelque sorte obligés de porter Touchain dans la voiture.

Les dépositions du directeur et du régisseur des forges furent on ne peut plus favorables à leur contre-maître. Il résulta de leurs déclarations la justification de celui-ci relativement à l'abus de confiance, ils rendirent justice à ses bons antécédents, à son alliance avec la fille d'un de leurs plus anciens et de leurs plus honorables employés, qui s'était même empressé de les désintéresser avant d'attendre le résultat des recherches de M. Prosny.

Le tribunal, après une courte délibération, acquitta Touchain et Bagnolet. Il fut reconnu que celui-ci n'avait joué qu'un rôle insignifiant, et l'on ne sut même trop pourquoi il s'était trouvé dans cette société, si ce n'est que Touchain l'avait rencontré au moment où ils entraient au Grand-Cerf, et l'avait chargé d'aller acheter des pipes et du tabac, et que, venant rendre compte de sa commission, on l'avait invité à dîner, ce qu'il n'avait eu garde de refuser. Bourlet, dit Petit-Gris, fut condamné à six mois de prison ; quant à Voichot, l'instigateur et le véritable auteur du délit, il fut condamné, en qualité de récidiviste, à deux ans de prison et cinq ans de surveillance.

Le président, après avoir prononcé l'acquittement de Touchain, lui adressa la mercuriale suivante :

« Vous voyez, Touchain, à quoi vous ont entraîné l'ivrognerie et de mauvaises fréquentations ; vous avez été pendant un mois détenu sous l'inculpation d'un grave délit; vous avez jeté votre famille, une famille honorable, dans la désolation et le désespoir; vous n'avez pas trop de tout le reste de votre vie pour faire oublier, par une conduite désormais irréprochable, les suites funestes qu'a vient d'avoir votre faute. Allez maintenant retrouver votre femme, et tâchez de la consoler de la mort de son père, et de mériter qu'elle ne vous reproche jamais d'en avoir été la cause. »

Touchain, accablé de confusion, avait écouté la tête baissée l'allocution du président. En entendant ses dernières paroles, il releva la tête d'un air effaré, et s'écria avec un accent de désespoir : « Que dites-vous, Monsieur ! Mon beau-père serait mort ! Ah ! mon Dieu ! est-ce possible !

— Silence ! cria l'huissier.

— L'audience est levée, » prononça le président ; et le tribunal se retira aussitôt.

Touchain était resté immobile sur son banc, la tête appuyé sur ses deux mains, sans remarquer ce qui se passait autour de lui, sans voir le directeur, qui s'était approché de son avocat et qui s'entretenait avec lui. Il ne fut tiré de cette espèce de stupeur que par la voix de l'huissier qui lui dit : « Allons, vous êtes libre maintenant, il est temps de vous retirer; je vais fermer la salle. »

A ces mots, Touchain se leva, et, en apercevant près de lui le directeur, il s'écria : « Ah ! Monsieur, est-ce bien vrai ce qu'a dit tout à l'heure M. le président ? Le père Aubert serait-il mort ?

— Il a été enterré ce matin, répondit le directeur ; et, si je n'avais pas été forcé de venir ici comme témoin, j'aurais assisté à son convoi.

— En ce cas, reprit Touchain d'un air égaré, je ne puis survivre à un pareil événement ; et puisque je suis libre, je vais me brûler la cervelle ou me jeter à l'eau.

— Touchain, lui dit le directeur d'un ton grave et sévère, tu vas aller retrouver ta femme, et remplir auprès d'elle les devoirs que te rappelait tout à l'heure M. le président.

— Ma femme ! oh ! monsieur ! elle ne voudra pas me recevoir ; d'ailleurs jamais je n'oserai me présenter devant elle ; j'aime mieux mourir... j'aime mieux me détruire.

— Oui, c'est bien là le langage des lâches, qui n'imaginent d'autre moyen pour échapper aux remords que le suicide. Si ce moyen était infaillible, il serait vraiment par trop facile pour ne pas l'employer ; mais, malheureux, es-tu bien sûr que la mort donnerait à ton âme le calme, la tranquillité, le bonheur ? Es-tu bien sûr que ce remords salutaire, que Dieu met dans ta conscience pour t'avertir que tu dois expier ta faute pendant ta vie, serait étouffé, anéanti par une mort volontaire, et qu'il ne se changerait pas, au contraire, en un tourment affreux, qui ne serait plus un moyen d'expiation, mais un châtiment juste, inexorable, éternel ?

— C'est vrai, Monsieur, ce que vous dites là ; c'est comme si l'on voulait fermer les yeux pour ne pas voir un danger qui vous menace, ce serait le meilleur moyen pour ne pouvoir l'éviter. N'empêche toutefois que je suis bien embarrassé de savoir comment je me présenterai devant ma femme... Je désire pourtant bien la voir, et surtout embrasser ma petite Henriette.

— Eh bien, rien n'est plus facile ; je vais t'emmener avec moi dans ma voiture, et je te conduirai moi-même auprès de ta femme.

— Oh ! merci, monsieur le directeur, vous êtes trop bon, et je n'oserais abuser à ce point de votre obligeance. »

Le directeur insista, et finit par le décider. Pendant toute la route, il ne cessa de lui tracer les règles de conduite qu'il devait tenir désormais envers sa femme d'abord, puis envers ses camarades, les ouvriers de la forge. Touchain fit les plus belles promesses, et jura de ne rien négliger pour regagner l'estime et l'affection de sa femme, et se réhabiliter dans l'opinion de ses camarades.

On arriva aux forges à la tombée de la nuit. Une partie des ouvriers sortaient de leur travail, et ils aperçurent le directeur et Touchain descendant de voiture et entrant ensemble dans la maison Aubert. Cette rencontre donna lieu, comme on le pense bien, à une foule de propos et de commentaires dont nous parlerons tout à l'heure. Le directeur monta le premier dans la chambre de Marguerite pour lui annoncer le retour de son mari. Il lui raconta ce qui s'était passé au tribunal, les remords que témoignait Touchain, les promesses qu'il lui avait faites, et il termina en engageant Marguerite à ne lui adresser aucun reproche pour le moment.

« C'était déjà mon intention, dit-elle en interrompant le directeur; non seulement je ne lui adresserai pas de reproches, mais je ne lui dirai pas un mot de tout ce qui s'est passé depuis un mois.

— C'est bien; en ce cas je vais le faire monter. »
Et il descendit le prévenir.

Un instant après, Touchain entrait dans la chambre de sa femme, la tête basse, la contenance embarrassée et laissant tomber timidement ces mots de ses lèvres : « Bonjour, Marguerite, veux-tu me permettre de t'embrasser ? » Pour toute réponse, Marguerite se jeta dans ses bras en pleurant. Touchain, ému profondément de cet accueil auquel il ne s'attendait pas, éclata en sanglots, et s'écria avec des larmes dans la voix : « Oh! mon Dieu! est-ce que tu me pardonnes ? Dis-le-moi, ma chère Marguerite; je te jure par tout ce qu'il y a de plus sacré que désormais...

— Je ne te demande pas de serment, interrompit Marguerite; ta conduite à venir me prouvera si ton repentir est sincère. Ne parlons plus du passé; maintenant une nouvelle vie va commencer pour nous ; ne gardons le souvenir de l'ancienne que pour éviter de retomber dans les fautes que nous avons commises autrefois. »

CHAPITRE V

Touchain retombe sous l'influence de Volchot.

Le bruit du retour de Touchain se répandit dans tout le pays dès le soir même, grâce aux ouvriers qui l'avaient rencontré les premiers à son arrivée avec le directeur. Dans la soirée il se forma, aux environs de la forge et sur la route qui conduit de l'usine au bourg, des groupes d'hommes et de femmes qui commentaient à leur manière ce grand événement.

Il existe dans certaines classes ignorantes des villes, et surtout des campagnes, un préjugé qui tend à faire croire qu'en général la justice est vénale, et que tel individu n'a gagné son procès que parce qu'il a été assez riche pour payer ses juges. J'ai rencontré ce malheureux préjugé même chez bon nombre de personnes que leur éducation et leur position sociale auraient dû en préserver. C'est pour ce motif principalement que je le signale à mes jeunes lecteurs, afin de les prémunir contre une odieuse calomnie, qui tend à flétrir une des classes les plus honorables de la société française, la magistrature.

La plupart des ouvriers des forges de Pesmes, qui, nous l'avons vu, n'aimaient pas Touchain et étaient jaloux de lui, avaient appris avec une sorte de satisfaction son arrestation à la suite de son équipée, et s'étaient attendus à ce qu'il serait sévèrement condamné. Quel fut donc leur étonnement, je dirais presque leur dépit, quand ils apprirent son acquittement! Il fallait entendre ce qui se disait dans les groupes dont nous venons de parler! Nous citerons seulement quelques propos de celui où péroraient Benoît et Jean-Pierre, nos anciennes connaissances. « Eh bien! en voilà du nouveau, disait la femme de Jean-Pierre; il paraît tout de même que l'eau du Doubs est fameuse pour laver les taches; il faut que j'en demande une bouteille à Touchain, il doit en avoir fait provision pendant son séjour à Dôle, pour en être sorti blanc comme neige. Dis donc, notre homme, puisqu'on s'en tire si facilement, tu devrais bien, au lieu de t'échigner à travailler comme tu le fais pour gagner trois francs par jour, prendre à pleines mains dans la caisse de ces messieurs; cela nous enrichirait promptement, et il n'en serait ni plus ni moins.

— Tu crois ça, ma pauvre Claudine, dit la mère Benoît; as-tu de l'argent mignon pour graisser la patte aux juges? car ce n'est pas l'eau du Doubs, tu le sais bien, mais les louis d'or du père Aubert qui ont blanchi son gendre.

— Avec tout ça, reprit Jean-Pierre, ce n'en est pas moins une fameuse canaille, et si je me repens de quelque chose, c'est de ne l'avoir pas démoli comme j'en avais depuis longtemps l'intention ; je l'aurais fait bien sûr, si votre fils, mère Benoît, — et il est là pour le dire, — ne m'en avait empêché ; mais il est encore temps...

— Oui, interrompit Benoît, il est encore temps de faire une sottise. As-tu, comme le disait ma mère tout à l'heure, les écus du père Aubert pour te tirer des griffes de la justice ? Si tu ne les as pas, reste tranquille, crois-moi.

— Comment ! je resterai tranquille et je verrai sans murmurer un vaurien, un voleur, un digne ami de Voichot, se présenter hardiment dans nos ateliers, et reprendre ses fonctions de contremaître ! Non, ça, c'est plus fort que moi, et j'irai plutôt me plaindre au directeur.

— Ah ! ça, ça vaudrait mieux, reprit Benoît, et, si nous voulions nous entendre tous ensemble, nous irions trouver le directeur et les membres du conseil d'administration, et nous leur demanderions formellement l'expulsion de Touchain.

— Bonne idée ! dirent les autres ; justement c'est demain dimanche, réunissons-nous à midi au pâtis, après la grand'messe, et là nous conviendrons de nos faits. Prévenons les autres, en attendant. »

Ils se rendirent aussitôt dans les divers groupes dont nous avons parlé, et y communiquèrent leur idée, qui fut agréée avec empressement. Mais les plus exaltés ne s'en tinrent pas là ; ils voulurent immédiatement faire une manifestation bruyante, et donner un charivari au *réchappé de prison*, comme ils désignaient Touchain.

Malgré les remontrances des plus raisonnables, qui refusèrent de prendre part à cette démonstration inconvenante, un grand nombre de jeunes gens et d'enfants, accompagnés même de quelques femmes, se rendirent devant la maison Aubert, et pendant une demi-heure ils firent entendre un vacarme assourdissant de pelles, de pincettes, de casseroles, de chaudrons, de sifflets, de cornets à bouquin, mêlés des cris de : « A bas Touchain, à bas le voleur ! à bas le compagnon de Voichot ! »

Le tumulte menaçait de se prolonger longtemps encore, si le régisseur, qui était en même temps adjoint de la commune, ne fût venu, escorté du garde champêtre, disperser le rassemblement en menaçant les plus exaspérés de les poursuivre pour tapage nocturne et comme perturbateurs du repos public.

Marguerite connaissait bien déjà le mauvais vouloir des ouvriers contre son mari ; cependant elle ne pouvait penser qu'ils se seraient portés à ces excès. Au lieu de se lamenter ou de proférer de vaines menaces ou des imprécations, comme faisait son mari pendant cette insultante sérénade, elle avait eu recours à son remède habituel depuis qu'elle était tombée dans la peine : c'est-à-dire qu'elle s'était mise à prier, en demandant à Dieu et à la sainte Vierge de vouloir bien l'éclairer et lui inspirer ce qu'elle devait faire en cette circonstance. Quand sa prière fut terminée, elle réfléchit longtemps ; puis, après avoir roulé dans son esprit plusieurs projets, elle s'arrêta à celui qui lui parut le plus convenable ; elle le retourna sous toutes ses faces et passa une partie de la nuit à ce travail de son imagination. Après s'être reposée quelque temps elle y revint encore en se réveillant, demanda de nouveau conseil à Dieu, puis, affermie dans sa résolution, elle en fit part à son mari. Celui-ci accueillit le projet de sa femme avec enthousiasme, comme elle s'y était attendue. « Eh bien ! puisque tu m'approuves, lui dit-elle, allons sur-le-champ à la première messe rendre grâces à Dieu et le prier de nous seconder, et aussitôt que nous serons de retour nous songerons à mettre notre projet à exécution. »

Effectivement, à peine fut-elle revenue de l'église, qu'elle alla trouver le directeur, et lui fit part en ces termes de la résolution qu'elle avait prise, d'accord avec son mari : « D'après ce qui vient de se passer, lui dit-elle, il nous est de toute impossibilité de rester plus longtemps ici. Mon mari serait continuellement en butte aux invectives et aux outrages de ses camarades, et, loin de le corriger de ses défauts, ces outrages ne feraient que l'aigrir, et peut-être amener des querelles dont on ne peut prévoir les suites. Il vaut donc mieux que nous quittions tout à fait le pays ; que nous allions bien loin dans un lieu où mon mari ne sera pas exposé à rencontrer chaque jour des gens qui lui reprocheront avec amertume ses égarements passés. Là j'espère, avec la grâce de Dieu, pouvoir exercer sur lui une influence assez puissante pour l'empêcher de retomber dans ses anciennes fautes. Rien ne m'attache plus désormais ici ; mon père et ma mère sont morts, et la plupart de ceux que je croyais nos amis nous ont tourné le dos. Je ne leur en veux pas ; mais il n'en est pas moins vrai que l'existence m'est devenue ici insupportable, et que si je pouvais partir dès aujourd'hui, je le ferais de bon cœur. »

Le directeur, après avoir écouté Marguerite avec attention, lui demanda si elle avait bien réfléchi à une détermination de cette importance ; il ajouta qu'il ne fallait pas se laisser effrayer par les démonstrations plus bruyantes que sérieuses de quelques-uns des ouvriers ; cela n'aurait qu'un temps, et lui-même se proposait d'interposer son autorité pour les faire cesser ; qu'il enverrait son mari travailler à une autre usine dépendant de leur compagnie, mais peu éloignée, de manière qu'en l'accompagnant elle pourrait toujours veiller sur les propriétés que lui avait laissées sa mère, et qu'elle viendrait visiter de temps en temps.

« Je vous remercie, Monsieur, répondit Marguerite, de vos bontés pour nous ; mais je tiens d'une manière inébranlable au projet que j'ai formé, parce que je le regarde comme le seul moyen d'opérer un changement radical dans les habitudes de mon mari. D'une usine à l'autre, tous les ouvriers à dix et vingt lieues à la ronde se connaissent ; il ne serait pas quinze jours dans une forge, soit du Jura, soit du Doubs, soit de la Haute-Saône, sans que sa déplorable affaire fût racontée et commentée de mille manières, et les mêmes inconvénients que je redoutais ici se renouvelleraient là avec d'autant plus de force, que nous ne trouverions peut-être plus de chefs aussi bienveillants que vous pour nous soutenir. Non, toutes réflexions faites, il nous est impossible de rester dans le pays. Il faut donc nous en éloigner le plus loin possible, sans toutefois quitter la France; car j'aurais une grande répugnance à aller dans les pays étrangers. Je chargerai M° Bernard de nous affermer la maison et les différentes pièces de terre qui me viennent de ma mère; nous retirerons de chez lui l'argent que mon père y a placé; avec cette somme nous nous trasporterons dans le pays où nous aurons résolu de nous fixer, et nous pourrons y vivre jusqu'à ce que nous ayons trouvé de l'ouvrage. »

Le directeur, après quelques objections, finit par reconnaître que ce parti était le plus convenable. « Seulement, ajouta-t-il, il serait imprudent de partir sans avoir un but déterminé; car vous courriez risque de tâtonner longtemps et de dépenser en pure perte vos avances, sans rencontrer ce que vous cherchez.

— Je le sais, répondit Marguerite, et c'est pour cela que je me suis adressée à vous, monsieur le directeur, afin que, vous qui connaissez tant de monde et tant de pays, vous vouliez bien nous donner les indications convenables.

— Je ferai mieux encore; je vais écrire à quelques-uns de mes correspondants pour savoir s'il y aurait moyen de vous caser dans leur pays. En attendant la réponse, voyez votre notaire, et faites vos arrangements avec lui. »

Le bruit de la résolution prise par les époux Touchain, ou plutôt par Marguerite, de quitter le pays, se répandit bientôt parmi les ouvriers de la forge. Les démonstrations hostiles cessèrent aussitôt, et la réunion du pâtis n'eut pas lieu; une sorte de réaction se fit même, non pas en faveur de Touchain, mais en faveur de sa femme. On la plaignait, on regrettait de l'avoir affligée en poussant les choses trop loin; plusieurs femmes de ses anciennes amies, qui, suivant son expression, lui avaient tourné le dos, se rapprochèrent d'elle, et cherchèrent à la détourner de son projet de départ. On alla même jusqu'à lui assurer que personne désormais ne s'opposerait à la rentrée de son mari à la forge.

Marguerite restait inébranlable à toutes ces avances et n'en continuait pas moins de régler ses affaires avec son notaire, attendant avec impatience les réponses des correspondants du directeur.

Enfin elles arrivèrent; toutes, à l'exception d'une seule, étaient peu satisfaisantes. Celle-ci était du directeur des forges de Blainville, département de l'Orne, dans le voisinage d'Alençon. Il annonçait qu'il avait de l'occupation pour un ouvrier comme celui que lui proposait le directeur des forges de Pesmes, et de plus que, si sa femme savait faire la dentelle, elle trouverait dans cette localité à s'employer d'une manière assez lucrative à ce genre d'ouvrage.

« Voilà ce qui me convient! s'écria Marguerite. De l'ouvrage pour mon mari et pour moi! Oh! quelle chance! Merci, monsieur le directeur, merci mille fois de votre bonté.

— Mais, dit en souriant le directeur, vous savez donc faire de la dentelle? Je ne vous connaissais pas ce talent-là.

— Non, monsieur, je ne le sais pas, mais j'apprendrai.

— Très bien, mon enfant, et je suis persuadé que vous réussirez. »

Marguerite pressa avec un redoublement d'activité les préparatifs de leur départ. Huit jours après ils se mettaient en route, et au bout de dix jours ils arrivaient à Blainville. Ce voyage, qui paraîtrait bien long aujourd'hui à cause de la rapidité des communications, était au contraire assez rapide pour cette époque (1836), où les chemins de fer n'existaient pas, et où l'on n'avait d'autre moyen de transport que les diligences. Nous ne parlons pas de la poste, qui ne pouvait convenir qu'aux gens fort riches.

Grâce aux lettres de recommandation du directeur des forges de Pesmes, Touchain fut admis sans difficulté dans l'usine de Blainville. Cet homme, comme nous l'avons dit, n'était pas méchant au fond ni mauvais ouvrier; il avait de bons et de mauvais penchants, mais pas assez de force de caractère pour suivre constamment les premiers et ne pas se laisser aller aux seconds quand l'occasion se présentait. Heureusement, depuis sa déplorable affaire de Dôle, sa femme avait pris sur lui un ascendant puissant, irrésistible, qui le maintint longtemps dans la bonne voie. Elle était devenue la maîtresse absolue et la directrice constante de ses actions; mais, loin de faire parade de l'empire qu'elle exerçait sur son mari, comme cela n'arrive que trop souvent à certaines femmes, elle faisait tous ses efforts pour le dissimuler; car elle sentait tout ce qu'il y a de ridicule pour une femme et d'humiliant pour un homme dans cette interversion dans les rôles naturels des deux époux. Du reste, comme ce n'était point par esprit de domination ni de vanité qu'elle avait pris cet ascendant, qui n'était en réalité que l'ascendant de la force sur la faiblesse, et de la vertu sur les penchants vicieux, elle en usait avec un tact admirable, et de manière que ni lui ni les autres ne pouvaient s'en apercevoir ou en être choqués.

Dès les premiers jours de son installation à Blainville, Marguerite voulut apprendre à confectionner la dentelle. Son intelligence et son désir de s'instruire dans cet art, qui pourrait peut-être un jour lui offrir de précieuses ressources, lui firent faire des progrès rapides. Mais c'est un travail long à apprendre et qui demande une grande habitude, qu'on ne peut acquérir que par un apprentissage commencé de très bonne heure. Aussi Marguerite, malgré ses progrès, était loin d'être une ouvrière habile, quand la naissance assez rapprochée de ses quatre plus jeunes enfants vint la forcer de renoncer presque à tout autre travail que celui qu'exigeaient les soins à donner à sa petite famille et à son ménage. Le métier à dentelle, sans être complètement abandonné, fut donc bien négligé. Une grave maladie d'ailleurs avait affaibli les yeux de Marguerite.

Il est vrai que vers cette époque son métier à dentelle fut repris par une remplaçante jeune, aux doigts agiles, à la vue excellente, et douée d'une intelligence précoce et d'un goût remarquable. C'était Henriette, la fille aînée de Marguerite. Sa mère avait soigné sa première éducation avec la plus tendre sollicitude, et elle avait eu le bonheur de voir son enfant répondre d'une manière admirable à ses soins. Plus tard, quand la survenance de nouveaux enfants ne lui permit plus de s'occuper exclusivement d'Henriette, elle l'envoya à l'école chez les sœurs de Saint-Vincent-de-Paul, établies dans la paroisse. La jeune fille se distingua bientôt entre toutes ses compagnes par sa piété, sa docilité, son instruction, sa modestie, et toutes les mères la citaient comme modèle à leurs filles.

Tout le temps qu'elle passait hors de l'école était employé à aider sa mère dans le ménage et dans les soins à donner à ses petits frères et sœurs ; puis, dès qu'elle avait un instant de reste, elle prenait le métier à dentelle, et ses doigts agiles faisaient voltiger les fuseaux, ou *piquaient* avec une rare dextérité les épingles pour faire le *point*[1]. Quand elle eut fait

---

[1] L'opération que nous venons d'indiquer est une des plus difficiles dans la confection de la dentelle : nous voulons parler de l'art de *piquer* la bande de papier vert ou bleu appliquée sur le métier, et sur laquelle se trouve le dessin de la dentelle que l'on confectionne ; c'est ce qu'on appelle aussi l'art de faire le *point*. C'est en dentelle le procédé au moyen duquel on forme les contours d'une figure régulière quelconque avec le fil. C'est ainsi que pour former un carré, un pentagone ou un hexagone, il faut quatre, cinq ou six points d'appui, ce qui permet de donner aux fils autant de directions différentes qu'il y a de ces points. Des nœuds sont faits autour pour que le système général des fils ne se relâche pas, et que le dessin soit conservé. Puis on fiche des épingles dans chaque endroit qui a servi de point d'appui, et c'est cette opération qui s'appelle le *piqué*.

sa première communion, Marguerite voulut perfectionner les heureuses dispositions de sa fille, et elle la mit en apprentissage chez la meilleure fabricante de dentelle de Blainville, qui travaillait pour une des premières maisons de gros d'Alençon. Au bout d'un an, Henriette était devenue une des plus habiles ouvrières de l'atelier, et, quoique son apprentissage ne fût pas terminé, elle gagnait déjà d'un franc cinquante centimes à deux francs par jour.

La famille Touchain habitait Blainville depuis près de douze ans, et Marguerite n'avait jamais regretté un instant la détermination qu'elle avait prise de venir se fixer dans ce pays. Son mari était assidu à son travail, et sauf quelques rares circonstances où il s'était légèrement pris de boisson, sa conduite était assez régulière. Sa fille aînée lui offrait déjà une agréable société, et était pour sa mère une source de consolations et d'espérances ; ses autres enfants promettaient aussi de lui donner de bien douces satisfactions. Chaque jour elle remerciait Dieu de ces faveurs, qu'elle reconnaissait tenir de sa bonté. Jamais elle n'avait été si heureuse, et, bien décidée maintenant à ne plus retourner dans un pays qui lui rappelait de si tristes souvenirs, elle avait vendu, avec le consentement de son mari, toutes les propriétés qu'elle avait à Pesmes ; elle avait reçu une partie du prix de vente ; avec cet argent elle avait acheté la maisonnette qu'ils habitaient ; le surplus devait être touché par elle prochainement.

La situation de sa famille, sans être brillante, lui

paraissait donc assurée, et, sauf l'altération de sa santé, l'avenir ne lui offrait rien de menaçant, rien de redoutable : et cependant les plus cruelles épreuves qu'elle eût jamais endurées l'attendaient encore.

Tandis qu'elle se berçait, peut-être avec trop de complaisance, dans cette sécurité trompeuse, la révolution de février 1848 éclata. On sait quelle perturbation elle apporta dans toutes les classes de la société, et surtout dans la classe ouvrière. Les théories les plus impraticables, les plus absurdes, étaient présentées comme des moyens infaillibles de régénération sociale, et principalement d'amélioration du sort des ouvriers. On criait contre l'exploitation de l'homme par l'homme, c'est-à-dire contre les patrons, les industriels, les capitalistes, qui, disait-on, s'enrichissaient, sans rien faire, de la sueur des travailleurs. En même temps le commerce, effrayé, suspendait ses transactions, les capitalistes resserraient leurs fonds, les industriels diminuaient ou cessaient même tout à fait la fabrication.

Le département de l'Orne fut un des premiers à ressentir les effets de cette crise sociale, industrielle et commerciale. L'usine dans laquelle était employé Touchain suspendit ses travaux. Les ouvriers désœuvrés se formèrent en clubs, et s'affilièrent à différentes sociétés qui avaient pour but, disait-on, la réorganisation du travail sur de nouvelles bases, dont la première devait être la reconnaissance d'un droit nouveau, inscrit dans la constitution, et qu'on appelait le *droit au travail*.

Touchain fit partie de ces réunions, et bientôt les meneurs, connaissant la faiblesse de son caractère, le jugèrent propre à devenir un instrument docile de toutes leurs volontés.

Dans les premiers jours, Marguerite, qui ne comprenait rien à la politique, fut peu effrayée de ce qu'elle entendait appeler la révolution ; mais, quand elle vit l'usine éteindre ses feux, et la maison de gros pour laquelle travaillait sa fille cesser ses commandes, elle commença à s'alarmer. Quant aux réunions dans lesquelles était chaque jour appelé son mari, elle fut trompée d'abord sur leur but et leur portée. Son bon sens naturel ne tarda pas à lui découvrir la vérité, et le danger que couraient ceux qui s'abandonnaient à ces utopies absurdes. Elle voulut alors empêcher son mari de retourner dans ces clubs et dans ces sociétés, d'où il ne revenait qu'avec des idées subversives de la morale et de la religion. Mais il était trop tard. Elle s'aperçut bientôt qu'elle avait perdu l'ascendant salutaire qu'elle exerçait sur lui depuis douze ans, et qu'il obéissait maintenant à une autre impulsion, qui ne pouvait manquer de lui être funeste. Cette découverte la jeta dans la consternation ; elle eut recours, selon son habitude, à la prière ; elle demanda à Dieu de détourner de sa tête et de celle de ces enfants les nouveaux malheurs qui la menaçaient, ou de lui donner la force de les supporter avec résignation. Hélas ! la pauvre femme avait bien besoin de cet appui ; car si son âme avait encore conservé toute son énergie d'autrefois, son corps s'était bien affaibli par la maladie, et la moindre émotion pouvait lui être fatale.

Touchain, ayant secoué désormais, comme il le disait plus tard, le joug honteux que lui avait imposé si longtemps sa femme, se jeta à corps perdu dans les idées nouvelles, et devint un des agents les plus actifs des sociétés secrètes.

On annonça un jour l'arrivée à Blainville d'un sous-commissaire extraordinaire du gouvernement provisoire, chargé d'organiser dans les départements les sociétés ouvrières, et de les affilier à la société principale qui siégeait alors au palais du Luxembourg, à Paris. Le club de Blainville se mit en frais pour recevoir dignement un personnage de cette importance. Touchain, qui faisait partie du bureau, avait été désigné pour haranguer le nouveau venu ; car nous remarquerons, en passant, que Touchain parlait avec assez de facilité, et qu'il s'était montré un des plus intrépides orateurs de ces assemblées ; ce qui, du reste, avec un peu d'assurance, n'offrait pas de grandes difficultés.

Au jour et à l'heure indiqués, Touchain, accompagné d'une députation, se présenta à l'hôtel, et fut immédiatement introduit en présence du commissaire. C'était un homme de quarante et quelques années, remarquable par d'épaisses moustaches, une barbe touffue, un bonnet rouge, une écharpe tricolore et un immense gilet à la Robespierre.

« Citoyen commissaire..., » commença Touchain ; mais il s'arrêta court après ces deux mots, frappé d'étonnement à la vue de l'étranger, qu'il crut reconnaître, malgré le changement que cette barbe, ces moustaches, et plus de douze ans écoulés depuis leur dernière rencontre, avaient apporté à sa physionomie. L'autre reconnut aussi sur-le-champ l'orateur, et devina la cause de son embarras ; mais, loin de se déconcerter, il s'écria tout à coup avec un sang-froid et un aplomb admirables, et en tendant les deux mains à Touchain : « Tiens, tiens, c'est toi, mon vieux camarade ! Tu ne reconnais donc pas ton ami Voichot ? Il est vrai que nous ne nous sommes pas vu depuis que j'ai été en butte aux persécutions du gouvernement déchu à cause de mes opinions politiques ; car, tu le sais, mon vieux, je suis, moi, un républicain de la veille. Mais viens donc dans mes bras recevoir l'accolade fraternelle d'un ami qui est heureux de te retrouver aujourd'hui l'un des premiers du club de Blainville, signalé pour son patriotisme et ses idées avancées. »

Et, en disant ces mots, il serra dans ses bras l'ancien contremaître de Pesmes, qui se laissa faire, pour ainsi dire, machinalement, montrant plus de surprise que de joie d'une pareille rencontre. Après ce premier épanchement de l'amitié, Voichot, s'adressant aux membres de la députation qui avaient accompagné Touchain, leur dit : « Citoyens, vous êtes venus ici pour m'inviter à me rendre dans votre réunion ; allez dire, je vous prie, à vos frères et amis, que j'accepte avec bonheur leur invitation, et que je serai au milieu de vous à l'heure fixée pour votre réunion. Je ne laisse pas aller le citoyen Touchain avec vous ; je le garde pour renouveler notre vieille connaissance, puis nous nous rendrons ensemble au club. »

Les députés se retirèrent, enchantés de l'accueil amical que leur avait fait le commissaire, et surtout émerveillés de voir que leur camarade Touchain se trouvait être l'ami d'un si haut personnage. « En a-t-il de la chance, disait l'un d'eux, d'avoir un ami et un protecteur de cet acabit ! Ce n'est pas moi qui aurais jamais tant de bonheur. — Et encore, reprenait un autre, n'a-t-il pas l'air de l'apprécier. As-tu vu avec quelle froideur il recevait les avances et les caresses du citoyen commissaire ? »

Le fait est que Touchain paraissait fort peu flatté d'avoir retrouvé d'une manière si inattendue l'homme qu'il n'avait pas vu depuis qu'ils s'étaient assis ensemble sur le banc des prévenus du tribunal de police correctionnelle de Dôle. Il aurait peut-être volontiers suivi ses camarades ; mais il n'osa résister aux instances de son ancien ami, qui le retint à déjeuner, et ne voulut pas le quitter jusqu'à l'heure où ils se rendirent au club.

Que se passa-t-il dans cette entrevue ? Comment Voichot se justifia-t-il de l'infâme escroquerie de Pesmes? Nous ne saurions le dire ; tout ce que nous savons, c'est qu'à compter de ce moment Voichot reprit sur lui tout l'empire qu'il avait eu jadis, et même un plus grand encore. Ce qui y contribua en partie, ce fut la considération marquée que lui attira de la part de tous les membres du club, et même d'un grand nombre d'habitants de Blainville, l'intimité qui paraissait exister entre lui et le commissaire du gouvernement. Des gens qui ne lui avaient jamais adressé la parole le saluaient presque avec respect, et cherchaient à se lier avec lui. Dès le lendemain de l'arrivée de Voichot, Touchain fut porté à l'unanimité à la présidence du club.

Ces démonstrations flattaient singulièrement sa vanité, et il ne pouvait s'empêcher de faire cette singulière remarque, qu'autrefois ses liaisons avec Voichot l'avaient brouillé avec tous ses camarades de Pesmes, et qu'aujourd'hui son intimité avec le même homme lui attirait les hommages et la considération des habitants de Blainville.

Voichot ne resta que trois jours à Blainville; c'en fut assez pour perdre Touchain. Il le fit nommer par les membres du club délégué de leur société à Paris, et Voichot se chargea lui-même de l'emmener avec lui et de le présenter au Luxembourg.

Touchain était fier de cette nomination; cependant comment annoncer son départ à sa femme? Il n'en eut pas le courage. Marguerite était alitée depuis quelques jours; son mari l'abandonnait aux soins d'Henriette, et il passait la plus grande partie du jour et de la nuit dans les réunions du club ou dans les banquets fraternels et patriotiques. A peine daignait-il dire un mot à sa femme, qui, voyant ses remontrances inutiles, avait cessé de lui parler, se contentant de prier Dieu, dans la confiance qu'il daignerait toucher d'un rayon de sa grâce le cœur du père de ses enfants. Heureusement qu'elle ignorait toujours la présence de Voichot et sa nouvelle liaison avec son mari; elle eût peut-être perdu alors tout espoir. Elle avait bien entendu parler de l'arrivée à Blainville d'un sous-commissaire du gouvernement avec lequel son mari paraissait très lié ; mais on ne l'avait pas nommé devant elle, et elle n'avait attribué cet attachement que lui montrait le fonctionnaire qu'à la conformité de leurs idées socialistes, car Touchain était devenu un ardent apôtre de ces idées.

Le départ de Touchain et du commissaire avait été fixé au milieu de la nuit. Dans la soirée, il rentra chez lui comme à l'ordinaire, ouvrit son secrétaire, où il écrivit assez longtemps, comme il le faisait souvent depuis qu'il pérorait dans les clubs. Puis, lorsqu'il jugea que tout le monde était endormi, il prit un portefeuille dans le secrétaire, ferma le meuble en laissant en évidence sur une des tablettes une lettre qu'il venait d'écrire, et qu'il adressait à sa femme pour lui expliquer la cause de son départ, assurant que son absence ne durerait probablement que quelques jours ; puis il sortit à pas de loup, alla rejoindre Voichot, et tous deux montèrent dans la malle-poste qui partait à cette heure-là pour Paris.

Le lendemain Marguerite, en apprenant le départ de son mari, se leva de son lit malgré sa faiblesse, et, poussée par une sorte de pressentiment, elle ouvrit le secrétaire et trouva la lettre qu'il lui avait écrite. Je devais m'y attendre, se dit-elle, depuis que je le vois soumis à l'influence de conseils pernicieux ; mais pour faire ce voyage il lui a fallu de l'argent... Et aussitôt elle regarda dans une cachette du secrétaire où se trouvait avec l'argent de réserve une somme assez considérable, reçue la veille des acquéreurs de ses biens, qui s'étaient complétement acquittés. Tout avait disparu; il n'avait laissé qu'un peu de monnaie destinée aux dépenses courantes du ménage.

Avec un calme admirable, elle réunit ses enfants pour la prière du matin comme d'habitude, et elle leur fit ajouter une oraison particulière pour demander à Dieu de conserver les jours de leur père, de le préserver de tout danger pendant son voyage, et de le ramener le plus tôt possible auprès d'eux.

« Est-ce qu'il sera longtemps absent? demandèrent Henriette et Lucie.

— Je n'en sais rien, mes enfants; mais je ne le pense pas, à moins que ses affaires ne le retiennent plus longtemps qu'il ne le voudrait. »

Cependant les jours, les semaines, les mois s'écoulèrent sans qu'on entendît parler de Touchain. Le peu d'argent qu'il avait laissé fut bientôt épuisé. La pauvre femme, pour subvenir aux dépenses de son ménage, se vit forcée de vendre une partie de son linge et de son mobilier. « Oh! mon Dieu! s'écria-t-elle, nous voilà ruinés!... C'est égal, je remercie le Ciel de ce que cette fois au moins il n'a pas pris de valeurs appartenant à des étrangers! Elle se garda bien de révéler à ses enfants, et surtout à Henriette, qui seule aurait pu la comprendre, le nouveau méfait de leur père. Toujours elle leur recommandait de l'aimer, de l'honorer, de prier pour lui.

Malgré son courage et sa force d'âme, elle se sentait plus faible de jour en jour; elle ne pouvait se faire illusion, elle comprenait qu'elle n'avait pas longtemps à vivre. Néanmoins elle espérait encore que son mari reviendrait avant ce moment fatal, et qu'en voyant ses cinq enfants privés de leur mère il rentrerait en lui-même, et se rappellerait ses devoirs de père. Ce qui la confirmait dans cette pensée, c'est qu'il avait toujours tendrement aimé ses enfants, et elle ne pouvait s'imaginer qu'il songeât à les abandonner. Une lettre qu'elle reçut vers cette époque vint lui ôter cette dernière illusion. Elle était timbrée du Havre et conçue en ces termes :

« Ma chère Marguerite, quand tu recevras cette
« lettre, j'aurai quitté la France et l'Europe, et je
« serai au milieu de l'Océan, sur un vaisseau qui
« fait voile pour la Californie. Tu as dû entendre
« parler de ce pays, où l'or est plus commun que
« le minerai de fer qui alimente les *patouillets* des
« forges de Pesmes. Je suis engagé comme mineur
« de première classe, à raison de cinquante francs
« par jour, par une société qui s'est formée à Paris
« pour l'exploitation des mines d'or du Sacramento.
« Outre mes appointements, j'aurai une part dans les
« bénéfices, qui me rapportera plus encore que mon
« salaire journalier. Bref, je compte bien dans deux à
« trois ans, quatre ans au plus, avoir ma fortune,
« et venir la partager avec toi et nos chers enfants.
« Tous mes torts seront alors réparés, et j'espère que

« tu me pardonneras et mon brusque départ de Blain-
« ville, et surtout l'enlèvement de l'argent qui t'ap-
« partenait, et dont j'ai disposé sans ta permission.
« Mais ne crois pas que j'aie mangé cet argent en folles
« dépenses; non, bien au contraire ; je l'avais placé
« dans une entreprise dont les bénéfices paraissaient
« devoir être immenses et assurés, et où nos capi-
« taux devaient doubler et tripler de valeur en peu de
« temps; malheureusement cette entreprise a échoué
« par suite des événements de juin. Une partie de ceux
« qui l'avaient fondée ont été tués sur les barri-
« cades, ou transportés en exil. J'ai moi-même été
« inquiété pendant quelque temps, et forcé de me
« cacher. Enfin on m'a offert de m'emmener en Ca-
« lifornie dans les conditions que j'ai dites en com-
« mençant. Malgré tout le désir que j'aurais eu de
« t'embrasser, toi et mes enfants, je n'en ai pas le
« courage tant que je n'aurai pas réparé la perte que
« je t'ai causée ; puis, je te connais, tu m'aurais
« détourné d'entreprendre le grand voyage que
« je vais faire, je n'aurais pu te résister, et c'est
« cependant le moyen le plus simple et le plus
« prompt de nous créer une fortune que cinquante
« ans de travaux assidus ne nous procureraient pas
« en Europe. »

La lecture de cette lettre fut pour Marguerite un
coup qui acheva de l'accabler. Elle ne fut pas éblouie
un instant des rêves dorés que faisait son mari ;
son bon sens lui signalait tout ce qu'il y avait d'exagéré

et de vain dans ses projets fantastiques ; ce qu'elle trouvait de plus certain dans la lettre de son mari, c'est qu'il allait faire un voyage de cinq mille lieues, et qu'elle ne le reverrait jamais.

Sa maladie prit dès lors un caractère plus grave, et nous avons vu dans le premier chapitre comment elle se termina, après toutefois qu'elle eût donné à sa chère Henriette les instructions par lesquelles nous avons commencé le premier chapitre de cette histoire.

CHAPITRE VI

Henriette accepte le legs de sa mère.

A l'époque de la mort de sa mère, avons-nous dit en commençant, Henriette Touchain avait près de quatorze ans ; mais on lui eût donné deux à trois ans de plus en raison de sa taille, qui déjà avait pris le développement qu'on ne trouve ordinairement que chez les jeunes personnes de seize à dix-sept ans ; ajoutons que la gravité de son maintien et le sérieux de son caractère contribuaient aussi à la faire paraître plus âgée qu'elle ne l'était effectivement. Quoique ses traits ne fussent pas encore bien formés, sa figure était gracieuse, et sa physionomie reflétait un air de bonté, de candeur et de modestie qui lui imprimait un charme irrésistible. Élevée dès sa plus tendre enfance dans les sentiments d'une piété sincère et fervente, instruite de bonne heure des grandes vérités de la religion, elle avait puisé dans ses saintes pratiques et dans ses salutaires enseignements une sagesse précoce et une solidité de principes qui devaient la garantir des dangers auxquels elle allait se trouver exposée. A côté de l'éducation religieuse qu'elle lui donnait, sa mère s'était attachée à lui inspirer le goût du travail et l'amour de l'ordre, deux qualités essentielles aux jeunes personnes. Elle avait vu avec bonheur ses efforts couronnés de succès, et ce fut une grande consolation pour elle à son lit de mort que de pouvoir laisser à sa fille ses dernières instructions, avec la persuasion qu'elles seraient fidèlement comprises et religieusement exécutées. Nous allons voir qu'elle ne fut pas trompée dans ses espérances.

Un cortège nombreux de voisines et d'amies avait suivi le convoi de Marguerite. C'était quelque chose de navrant que de voir ces cinq pauvres enfants accompagner le cercueil de leur mère en faisant entendre des lamentations et des cris déchirants. Au retour de l'enterrement, chacun s'entretenait du sort de cette malheureuse famille. Qui va la secourir, la nourrir et la soigner? Il ne leur reste plus rien; le père les a ruinés, et la longue maladie de la mère les a réduits à la dernière misère. Ils ont encore, il est vrai, la petite maison qu'ils habitent; mais elle a grand besoin de réparations, si l'on ne veut pas qu'elle tombe en ruine un de ces jours.

Telles étaient les réflexions que faisaient les personnes qui avaient assisté à l'enterrement. « Ce n'est pas tout que des paroles, dit la mère Michaud; il faut aussi agir, et, si chacun veut s'y prêter un peu, on pourra venir en aide à ces pauvres orphelins. D'abord, moi je m'offre à garder pendant un ou deux mois les deux plus jeunes, qui ont déjà couché chez moi cette nuit.

— Et moi, dit le père Chopart, je garderai volontiers mon filleul, le petit Jean ; et, quand il sera en âge, je lui apprendrai mon état de bourrelier.

— Pour moi, dit Mme Vausseur, la fabricante de dentelles chez laquelle Henriette avait fait son apprentissage, je me chargerai volontiers d'Henriette et de Lucie, la première en qualité d'ouvrière, et la seconde comme apprentie, quoiqu'elle soit encore très jeune, et que dans ce moment-ci l'ouvrage n'aille guère ; mais j'espère que dans peu il reprendra ; d'ailleurs il y en aura toujours pour elle.

— C'est bien, Madame, dit le père Chopart, et je vous remercie au nom de ma commère, la pauvre défunte, qui était une si brave femme et si digne de l'estime de tous les honnêtes gens. »

Pendant que leurs amis s'occupaient ainsi d'eux, les enfants étaient rentrés à la maison. A la vue de cette demeure autrefois si gaie, maintenant si triste; à la vue de ce lit abandonné où la veille reposait une mère chérie, les pleurs et les sanglots recommencèrent ; tous se mirent à genoux au pied de ce lit, et prièrent encore pour leur mère. Henriette se leva la première, essuya ses larmes, mit sur ses genoux Annette et Benjamin, et fit asseoir à côté d'elle Lucie et Jean ; puis, s'efforçant de prendre un ton calme, elle leur dit : « Mes bons amis, nous avons fait une perte bien cruelle ; mais nous ne pouvons pas toujours pleurer ; songeons à remplir les devoirs que notre mère nous a tracés.

Adorons la main de Dieu qui nous frappe, et ayons confiance en lui. Vous savez que c'est moi qui dois vous servir de mère d'après les vœux de celle que nous avons perdue ; j'ai accepté cette charge par obéissance, et, quoiqu'elle soit bien lourde, j'espère dans la protection de Dieu, qui me donnera la force de la porter. »

A ces mots, les enfants se jetèrent dans ses bras, et lui renouvelèrent la promesse qu'ils avaient faite à leur mère de lui obéir, non comme à une sœur, mais comme à une véritable mère.

« Eh bien ! mes enfants, s'écria Henriette, car je puis maintenant vous donner ce nom, je renouvelle ici l'engagement de veiller sur vous comme une tendre mère et de ne jamais me séparer de vous. »

En ce moment Mme Vausseur, le père Chopart et la mère Michaud entrèrent pour faire part à Henriette des dispositions où ils étaient à son égard, et par rapport à ses frères et sœurs, et lui demander si elle acceptait leurs propositions.

La pauvre Henriette fut fort embarrassée de répondre à des offres si inattendues, et qui au premier abord semblaient si généreuses ; non cependant qu'elle fût tentée un seul instant de les accepter : mais comment faire pour refuser sans blesser des amis au moment même où ils venaient lui donner une si grande preuve d'affection et de dévouement pour elle et pour ses frères et sœurs ?

Tandis qu'elle réfléchissait à sa réponse, et que pour

se donner un peu de temps elle s'occupait à faire asseoir ses visiteurs, qui étaient restés debout, après que le père Chopart eut annoncé tout d'un coup l'idée de leur visite, un incident inattendu vint la tirer d'embarras. Déjà la mère Michaud, qui ne doutait pas un instant que la proposition qui venait d'être faite ne fût acceptée avec enthousiasme et reconnaissance, avait pris par la main les deux plus jeunes enfants, et se préparait à les emmener, quand le petit Benjamin, retirant tout à coup sa main de celle de la bonne femme, dit d'un air résolu : « Je ne veux pas m'en aller avec vous, moi ; mais je veux rester avec ma sœur Henriette, qui est maintenant ma petite maman.

— Eh bien ! reprit la mère Michaud d'un air rogue, reste, si tu veux, avec ta sœur ; je ne t'emmènerai pas de force ; Annette seule restera avec moi, voilà tout.

— Oh ! dit Annette presque en pleurant, si mon frère reste, je veux rester aussi, moi.

— En ce cas, restez tous les deux si cela vous convient, en vous prenant chez moi, je croyais vous rendre service ; mais, puisque cela vous contrarie, n'en parlons plus.

— Oh ! ne vous fâchez pas contre ces pauvres enfants, mère Michaud, reprit Henriette d'un ton de voix caressant ; ils ne comprennent pas l'intérêt que vous leur portez, ni l'étendue du service que vous étiez dans l'intention de leur rendre. Plus tard, quand ils auront l'âge de raison, ils le sentiront et vous en seront reconnaissants comme ils le doivent. Mais aujourd'hui ils sont, comme nous sommes tous, sous l'impression des dernières paroles de notre pauvre mère, qui nous a fait promettre avant de mourir de ne pas nous séparer, et qui m'a chargée de la remplacer auprès de mes frères et sœurs, ce que je lui ai juré devant Dieu. Eux, de leur côté, ont pris l'engagement de ne pas me quitter, de m'obéir comme à leur mère, et nous venions à l'instant même de renouveler cet engagement de part et d'autre lorsque vous êtes entrés et nous avez fait des offres généreuses, dont nous sommes profondément touchés, et dont nous conserverons toujours une vive reconnaissance, tout en vous laissant juger vous-mêmes si nous devons, si nous pouvons même les accepter, sans manquer à l'obéissance que nous devons à notre mère et aux promesses que nous lui avons faites. »

Mme Vausseur, femme pieuse, intelligente et douée d'un cœur excellent, embrassa tendrement Henriette en lui disant : « Dieu nous préserve, mon enfant, de chercher à vous détourner de remplir les promesses que vous avez faites à votre mère à son lit de mort ! Cependant c'est une tâche bien pesante pour votre âge que celle dont vous vous êtes chargée : avez-vous assez de confiance dans vos forces pour espérer la remplir convenablement ?

— Ce n'est pas en moi que j'ai confiance, Madame, c'est en Dieu ; j'espère qu'il me donnera les forces qui me manquent, et qu'avec son secours je tiendrai l'engagement que j'ai pris.

— Très bien, mon enfant; nous ne saurions mieux faire maintenant que de vous encourager à persévérer dans de si nobles sentiments. Oui, continua-t-elle en s'adressant au père Chopart et à la mère Michaud, il vaut mieux, toutes réflexions faites, que ces enfants restent sous la garde de leur sœur aînée que de vivre séparés les uns des autres. Ce n'est pas sans des motifs sérieux, et c'est surtout parce qu'elle jugeait bien sa fille Henriette que la pauvre défunte, dont nous avons tous connu et apprécié le bon sens et la haute raison, a fait, avant de mourir, de telles recommandations à ses enfants; mais cela n'empêche pas que nous leur venions en aide, comme nous en avions l'intention; seulement ce sera d'une manière différente. Voyons, ma petite Henriette, que veux-tu que je fasse pour toi ? Veux-tu que je t'achète de l'étoffe pour habiller en deuil tes sœurs et toi ? ou préfères-tu que je te donne l'argent nécessaire pour cela, et tu feras toi-même tes emplettes ? »

Henriette rougit, baissa les yeux à cette proposition, et répondit d'un air embarrassé : « Madame, puisque vous me permettez de vous faire connaître ce que je désirerais de préférence, eh bien ! ce serait... de l'ouvrage; il y a longtemps que vous ne m'en avez donné, ajouta-t-elle avec volubilité; je sais que depuis le mois de février dernier les travaux ont été suspendus, et que depuis qu'ils ont repris je ne pouvais travailler, étant occupée toute la journée et souvent une partie de la nuit auprès de ma mère malade, sans compter les soins du ménage; mais à présent, avec l'aide Lucie, notre ménage sera bientôt fait, et je pourrai travailler du matin au soir sans être dérangée. Ainsi, Madame, si vous me donniez de l'ouvrage, c'est le plus grand service que vous pussiez me rendre.

— Certainement, ma fille, tu auras de l'ouvrage, et dès aujourd'hui même ; et je te promets que je ne t'en laisserai jamais manquer.

— Oh! merci, Madame, mille fois merci. Peut-être vous étiez-vous imaginé que depuis plus de huit mois que je n'ai travaillé j'en ai perdu l'habitude; mais vous seriez dans l'erreur. Chaque jour, quand j'avais un moment à moi, je prenais mon métier et je travaillais une demi-heure, une heure, même deux, et à plusieurs reprises, à seule fin de m'entretenir la main et de donner des leçons à Lucie, qui montre déjà de bonnes dispositions.

— Mais comment t'étais-tu procuré du fil ?

— C'était du fil que ma mère avait acheté dans le temps qu'elle apprenait elle-même à faire de la dentelle, dont elle se proposait de faire une pièce sur un dessin qu'elle avait piqué. J'ai suivi ce dessin, et j'ai terminé la pièce il y a huit jours seulement.

— Voyons, ma fille, cet ouvrage ; je suis curieuse effectivement de m'assurer si tu n'as rien perdu de ton habileté. »

Henriette s'empressa d'apporter son métier, sur lequel était encore enroulée la pièce qu'elle avait terminée. Mme Vausseur l'examina attentivement, la trouva parfaitement exécutée, sauf quelques légers défauts qu'il était facile de faire disparaître au réga-

lage[1] et à l'*affiquage*. Après avoir terminé son examen : « Ma fille, dit-elle, as-tu l'intention de vendre cette dentelle ?

— Assurément, Madame, si vous croyez qu'elle ait quelque valeur.

— Il y en a dix mètres, que j'estime au plus bas prix à cinq francs le mètre, ce qui fait cinquante francs ; je l'achète, si tu veux, à ce prix, que je vais te payer comptant ; mais à une condition : c'est que, si MM. Collignon et Cie la payent plus cher, je te remettrai le surplus ; comme s'ils en donnent un prix moindre, tu me tiendras compte de la différence.

— J'accepte volontiers, Madame, et je vous remercie de tout mon cœur, car c'est un grand service que vous me rendez ; toutefois il me semble qu'il est juste que vous gardiez le surplus, s'il y en a ; car l'ouvrage me semble bien payé à cinq francs le mètre.

— Oui, et si l'on n'en donne pas cinq francs, sera-t-il juste que je supporte cette perte ? Mais ce n'est pas comme cela que je l'entends. Je suis ouvrière fabricante de dentelles, je n'en suis pas marchande, seu-

---

[1] Le *régalage* est le travail de l'ouvrière spécialement chargée de raccommoder, ou, comme on dit en termes techniques, de *régaler* les fautes qui se trouvent dans le premier travail des ouvrières dentellières. Cette même femme est aussi chargée de l'*affiquage*, qui consiste à terminer l'ouvrage en l'affiquant, c'est-à-dire en passant dans tous les points de brode l'extrémité d'une grosse patte de homard. Ce travail fait ressortir les points, et doit se renouveler à chaque blanchissage.

lement je m'y connais assez pour ne pas me tromper de beaucoup sur la valeur soit du fil employé, soit de la confection. Je crois que la dentelle que tu me présentes vaut au moins le prix que je l'estime, et, comme j'ai la certitude que MM. Collignon et Cie l'achèteront sur ce pied-là, ou à très peu de chose près, je t'offre de te faire l'avance de ce prix à tes risques et périls. Voilà tout le service que je te rends, et qui au fond, comme tu le vois, est bien peu de chose ; car maintenant je ne te parlerai plus de te donner de l'étoffe ou de l'argent pour acheter des vêtements de deuil pour tes sœurs et pour toi ; les cinquante francs que voilà (et en même temps elle lui remit dix pièces de cinq francs) suffiront, je suppose, à cette dépense.

— Oh ! certes, Madame, et j'espère en avoir encore assez pour habiller mes deux frères.

— Pour cela, je crois que tu te trompes ; tu auras tout au plus assez pour vêtir le plus jeune, mais je ne pense pas qu'il y ait de quoi fournir à l'habillement de Jean.

— Que Jean ne t'inquiète pas, dit alors le père Chopart à Henriette ; c'est mon filleul, je veux l'habiller, moi ; ce sera pour ses étrennes. Ta mère ne l'a pas défendu, et je n'imagine pas que tu y trouves à redire.

— Bien sûr que non, parrain (les cinq enfants l'appelaient ainsi depuis qu'il avait tenu Jean sur les fonts baptismaux) ; nous vous en serons bien reconnaissants, et nous prierons le bon Dieu pour vous.

— Ce n'est pas tout, j'entends qu'il vienne de temps en temps, à sa sortie de l'école, passer une heure ou deux à mon atelier pour nous voir travailler, afin de s'accoutumer et de prendre du goût au métier, et afin que, quand il sera en âge d'entrer en apprentissage, il n'ait pas l'air d'un ignorant comme on en voit tant, et qu'il ne confonde pas une *renette*[1] avec un emporte-pièce, ni une *alêne à brédir* avec une *alêne à coudre.*

— Merci, parrain; vous lui rendez là et à moi aussi un véritable service : j'aime bien mieux qu'il aille chez vous voir travailler et même travailler dès qu'il aura la force de manier les outils, que de courir et de jouer avec les gamins dans les rues du village.

— Allons, dit alors la mère Michaud, il n'y a que moi dont les propositions ne pourront être agréées ; je ne suis pas assez riche pour acheter de la dentelle ni pour habiller aucun des enfants ; et même, comme je ne suis la marraine d'aucun d'eux, peut-être ferait-on des façons pour accepter. Je ne pouvais offrir que de garder chez moi les deux plus jeunes, encore n'aurais-je pu le faire que pour un certain temps ; mais, comme dit Mme Vausseur, il vaut mieux que ces enfants restent sous la garde de leur sœur, puisque tel a été

[1] La *renette* est un instrument de bourrelier servant à faire des traces sur les courroies en entamant la superficie du cuir ; l'emporte-pièce sert à faire des trous aux courroies, pour y passer les ardillons des boucles. *Brédir*, c'est faire une espèce de couture ou d'assemblage en se servant de lanières au lieu de fil : l'instrument employé pour cette opération est l'*alêne à brédir*; l'alêne à coudre est à peu près la même que celle dont se servent les cordonniers.

désir de leur mère. Enfin, c'est de bon cœur que je me proposais ; maintenant que je ne puis être d'aucune utilité, je me retire.

— Mon Dieu, mère Michaud, s'écria Henriette en sautant au cou de la bonne femme, comme vous dites cela ! on croirait que vous êtes fâchée ; oui, je sais avec quel bon cœur vous auriez désiré donner l'hospitalité à mon petit frère et à ma petite sœur ; mais, parce que vous ne pouvez me rendre ce service, croyez-vous qu'il n'y en a pas bien d'autres que je serais heureuse de réclamer de votre obligeance, si vous voulez me les rendre ?

— Et en quoi, dit la mère Michaud d'un ton plus radouci (car cette femme avait réellement un cœur excellent, et elle s'était trouvée offensée du refus qu'on lui avait opposé), en quoi une pauvre vieille femme comme moi pourrait-elle t'être utile ? Je ne puis te donner de l'ouvrage comme Mme Vausseur, ni faire apprendre un état à ton petit frère et à ta petite sœur.

— Mais il y a beaucoup d'autres choses, ma bonne mère Michaud, dans lesquelles vous pourrez nous servir : tenez, par exemple, quand Lucie et Jean seront à l'école ou au catéchisme, et que je serai obligée de reporter ou d'aller chercher de l'ouvrage chez Mme Vausseur, il me faudra nécessairement quelqu'un pour garder Annette et Benjamin ; et je serais bien heureuse de compter sur vous dans ce cas ; d'autres fois encore, quand j'aurai de l'ouvrage trop pressé à rendre, vous pourriez donner un coup de main à Lucie pour l'aider à faire le ménage ; et pendant ce temps-là, moi je ne serais pas dérangée de ma besogne.

— Oh! ce ne sont pas là des services; ce sont de ces choses qui ne se refusent jamais entre voisines. Bien souvent ta mère m'a appelé pour l'aider dans des occasions de ce genre ; je l'ai toujours fait avec plaisir, et quand tu auras besoin de moi en pareille circonstance, ne m'épargne pas.

— Merci, mère Michaud ; j'en profiterai hardiment, vous pouvez y compter. »

Les trois visiteurs se retirèrent alors. Quand ils furent à une certaine distance de la maison Touchain, la mère Michaud dit à Mme Vausseur : « Savez-vous, Madame, qu'elle est joliment fière, cette petite Henriette? C'est tout le portrait de sa mère. J'ai vu qu'elle allait presque se fâcher quand vous lui avez offert de l'argent ou d'habiller elle et ses sœurs à vos frais; et le père Chopart a été obligé d'insister sur sa qualité de parrain pour lui faire accepter d'habiller son filleul. Cependant les pauvres enfants sont loin d'être riches aujourd'hui, et m'est avis que, quand on est dans une aussi grande gêne qu'ils le sont, il ne faut pas être si orgueilleux.

— Détrompez-vous, ma bonne mère Michaud, il n'y a pas là de l'orgueil ; il y a tout au plus une louable fierté, que j'appellerai plutôt de la dignité et du respect de soi-même, qu'on doit prendre garde de froisser. Je ne la connaissais pas encore sous ce rapport, et notre entrevue de tout à l'heure m'a donné d'elle la plus haute estime. Elle rougirait de recevoir l'aumône, parce qu'elle croit pouvoir gagner par son travail de quoi subvenir à ses besoins ; elle accepte avec reconnaissance un bon office, parce qu'elle est toujours disposée à rendre l'équivalent. Aussi, dès que je me suis aperçue de cette honorable susceptibilité, j'ai saisi avec empressement l'occasion de lui offrir de l'argent, non plus comme un don ni comme un prêt, mais comme une simple avance sur un travail dont la valeur équivaut réellement à la somme avancée.

— Tiens, dit le père Chopart, j'ai bien compris d'abord votre idée ; seulement je pensais que ce n'était qu'une manière délicate imaginée par vous pour lui faire un cadeau sans qu'elle pût s'en offenser, et que sa dentelle était loin de valoir le prix que vous en avez donné.

— Et moi aussi c'était mon idée, ajouta la mère Michaud.

— Vous vous abusez l'un et l'autre, reprit Mme Vausseur : non, je n'ai pas eu la pensée de lui faire un cadeau déguisé, et cela pour plusieurs raisons : d'abord parce qu'Henriette connaît déjà assez la valeur de l'ouvrage pour s'apercevoir si le prix qu'on en offre est exagéré ou non ; puis, à supposer qu'elle ne le connût pas, ce serait l'induire dans une erreur qui pourrait lui être préjudiciable par la suite que de lui payer aujourd'hui tel prix pour un ouvrage, tandis que plus tard on ne lui donnerait, pour un travail en tout semblable, qu'un prix bien inférieur au premier. Elle croirait alors qu'on veut la tromper, ou il faudrait lui avouer le stratagème qu'on a employé la première fois pour lui faire l'aumône, et ce serait l'humilier.

— Mon Dieu, Madame, s'écria la mère Michaud, que de précautions pour ne pas blesser ce que vous appelez une susceptibilité honorable, ou je ne sais encore comment, et que moi j'appelle tout bonnement de l'orgueil déplacé ! C'est un malheur, sans doute, d'être pauvre, et j'en sais quelque chose, moi, car je suis loin d'être riche ; mais enfin quand on a ce malheur, pourquoi se montrer si difficile et si fier ? Est-ce pour cacher sa misère et paraître riche quand on ne l'est pas ? Au fond chacun sait ce qui en est, et l'on se moque de ces vaniteux qui repoussent la charité qu'on veut leur faire, et qui aiment mieux souffrir la faim que de recevoir une aumône. Notre petite Henriette me paraît donner dans ces idées ; mais, comme je l'aime et que je porte intérêt à toute cette famille, je lui dirai ma façon de penser là-dessus.

— Gardez-vous-en bien, mère Michaud, je vous en conjure ; vous froisseriez, vous affligeriez cette chère enfant inutilement, et vous la jetteriez peut-être dans un découragement funeste. Sans doute les pauvres doivent avoir l'humilité de leur position, et ne pas refuser par orgueil les moyens de l'améliorer. Les infirmes, les malades, les vieillards, qui sont hors d'état de gagner leur vie, sont bien obligés d'accepter les secours de la charité publique, quelque pénibles, quelque humiliants que semblent ces secours à quelques-uns d'entre eux, surtout à ceux qui ont connu des temps plus heureux et qui ont possédé une certaine aisance ; mais peut-on blâmer ceux qui jouissent d'une bonne santé, et qui sont dans la force de l'âge et de la jeunesse, de ne demander du secours qu'au travail ! C'est précisément le cas où se trouve Henriette. Elle comprend tout l'embarras de sa position ; toutefois elle ne veut chercher de soulagement que par le travail ; elle ne demande d'autre aumône que celle du travail. Il n'y a là ni orgueil ni vanité ; c'est simplement un noble et généreux sentiment que nous devons tous encourager.

— C'est beau, j'en conviens, Madame, et je puis me tromper, car je ne suis qu'une pauvre vieille femme ignorante ; c'est par intérêt pour cette enfant que je parle, et je me dis : Comment est-il possible qu'une jeunesse de quatorze ans puisse suffire à elle seule, par son travail, à fournir aux besoins d'une nombreuse famille ? Sa mère, Dieu veuille avoir son âme ! qui était la plus digne, la plus brave, la plus laborieuse femme que j'aie jamais connue, est morte à la peine ; et comment cette pauvre petite créature pourra-t-elle y résister si on l'abandonne à elle-même, si l'on ne vient pas à son secours ?

— Et qui parle de l'abandonner ? Vous m'avez entendue lui promettre de l'ouvrage autant qu'elle en pourra faire ; et cette promesse, je la tiendrai.

— Je n'en doute pas ; mais quand même elle aurait du travail du matin au soir, et qu'elle aurait passé la journée et même une partie de la nuit à remuer ses fuseaux avec toute l'agilité possible, gagnera-t-elle assez pour subvenir à toutes les dépenses du ménage, à la nourriture et à l'entretien de cinq personnes ? Vous savez mieux que moi, Madame, ce que rapporte l'état d'ouvrière en dentelle, et s'il est possible à Henriette de faire face à tout avec cette seule ressource.

— Je sais qu'une ouvrière ordinaire aurait peine, en effet, à y arriver ; mais Henriette est habile, et déjà elle peut gagner plus que beaucoup d'autres ; puis elle se perfectionnera de jour en jour. D'ailleurs elle a du courage, de la bonne volonté, une grande confiance en Dieu ; avec cela elle ne peut manquer de réussir. C'est la bonne voie dans laquelle doivent l'encourager et la soutenir ses vrais amis. C'est ce que me disaient ce matin, avant l'enterrement, M. le curé et nos bonnes sœurs de Charité, qui la connaissent mieux que moi et depuis longtemps ; j'avais peine à les croire, et j'avoue que je suis allée avec vous chez elle dans la pensée de m'en assurer ; maintenant je suis complètement de leur avis.

— Moi aussi, dit le père Chopart ; car cette jeune fille m'a toujours fait l'effet d'être un excellent sujet, pas fainéante, et adroite comme une fée.

— Oh ! pour ça, c'est bien vrai, reprit la mère Michaud ; je la connais depuis que ses parents sont arrivés dans le pays, il y a de ça douze à treize ans, et que la petite commençait à peine à marcher... Je m'en souviens comme d'hier, à preuve que c'est moi qui l'ai nourrie du lait de ma chèvre, pendant que sa mère la sevrait...

— Allons, c'est entendu, dit Mᵐᵉ Vausseur en interrompant la bonne femme, qui allait commencer une histoire interminable ; vous rendrez quelques petits services de bon voisinage à Henriette quand elle en aura besoin ; le père Chopart habillera son filleul et lui apprendra plus tard son métier, et moi je me charge de fournir à notre protégée du travail de quoi l'occuper sans relâche. »

CHAPITRE VII

Comment Henriette s'acquitta des engagements contractés au lit de mort de sa mère.

On peut dire qu'à compter du jour de l'enterrement de sa mère, Henriette Touchain, pénétrée des engagements solennels qu'elle avait contractés, se mit résolument à la tête de la maison. Avec l'argent qu'elle avait reçu de Mᵐᵉ Vausseur, elle pourvut aux premiers besoins du ménage, et acheta de quoi faire des vêtements de deuil pour toute la famille, excepté pour Jean. Comme elle ne se connaissait pas encore en étoffes, elle consulta pour cette acquisition sœur Ambroise, qui lui fit faire emplette au meilleur marché possible d'une bonne serge noire, et qui voulut bien tailler elle-même les différents vêtements qu'Henriette et sa sœur Lucie se chargèrent de coudre.

Cette opération terminée, Henriette reprit le métier à dentelle, et ne le quitta, pour ainsi dire, plus. Tout en travaillant avec un courage, une volonté, une intelligence au-dessus de son âge, elle suffisait à tout, soignait le petit Benjamin et la petite Annette, envoyait Jean et Lucie à l'école, se faisait aider de l'un et de l'autre dans les travaux du ménage, veillait sur tous avec une sollicitude vraiment maternelle. Dans les commencements, le gain de la journée était faible sans doute, comme l'avait bien prévu la mère Michaud, et cependant, à force d'ordre, d'économie et de travail, elle pourvoyait à l'entretien de toute la famille sans avoir besoin de recourir à personne.

Dès sa plus tendre enfance, nous l'avons déjà dit, sa mère lui avait inspiré, en même temps que les sentiments religieux, ces principes d'ordre et d'économie qu'elle mit promptement en pratique, et qu'elle enseigna à ses frères et à ses sœurs, plus encore par son exemple que par ses paroles. Ainsi, aussitôt qu'elle eut pris en main les rênes du petit gouvernement de la famille, elle fit contracter à tous des habitudes régulières, soit pour le lever, soit pour le coucher, soit pour les heures de la prière, des repas et du travail. Sans avoir fait de règlement écrit, la maison se trouva en peu de temps ordonnée avec une régularité presque monastique. Elle se levait la première, offrait son cœur à Dieu, lui demandant de la bénir pendant cette journée ; un instant après elle éveillait Lucie et Jean, laissant dormir les plus jeunes un peu plus longtemps. Aussitôt elle commençait avec Lucie à balayer, à nettoyer, à tout ranger dans la chambre, tandis que Jean, qui était très fort pour son âge, allait chercher de l'eau, du bois, et allumait le feu. Alors Henriette mettait sur le feu un poêlon pour faire de la soupe ou de la bouillie destinée au premier déjeuner. Pendant le temps que durait la cuisson, elle éveillait Annette et Benjamin, les aidait à s'habiller; puis tous ensemble ils faisaient en commun la prière du matin. Après la prière, on déjeunait; ensuite Henriette et Lucie achevaient le ménage, et veillaient à ce que les autres enfants, même les deux derniers, rangeassent dans un endroit désigné les objets servant à leur usage. Henriette avait souvent entendu sa mère lui répéter cette maxime de Fénelon : « Il faut qu'il y ait une place pour chaque chose, et que chaque chose soit à sa place; rien ne contribue plus à l'économie et à la propreté, que de garder cette règle avec exactitude [1]. » Pénétrée des avantages immenses qu'il y a, en effet, à la suivre, elle y accoutuma sans peine ses frères et ses sœurs, et, chose remarquable, ce furent les deux plus jeunes qui prirent le plus facilement ces habitudes d'ordre. Lucie était d'un caractère indolent et mou, assez portée à la négligence; mais elle rachetait ce défaut par une douceur et une bonté admirables. Elle n'avait pas le caractère ferme, la volonté énergique de sa sœur; elle était incapable de prendre l'initiative en quoi que ce fût, non par défaut d'intelligence, mais par timidité, par défiance de soi-même, et aussi par indolence. Elle aimait sa sœur avec la plus vive tendresse, et en même temps elle avait pour elle un respect, pour ainsi dire, filial; elle écoutait ses paroles comme un oracle, et tremblait de lui déplaire.

[1] FÉNELON, *De l'Éducation des filles*, ch. XI.

Grâce à cet ascendant qu'Henriette exerçait sur Lucie, elle parvint à la corriger de ses habitudes de négligence, pour lui en faire contracter de contraires; mais ce ne fut pas sans difficulté qu'elle y réussit, ni sans employer des ménagements pour ne pas blesser sa susceptibilité.

A huit heures du matin, Lucie et Annette se rendaient à l'école des sœurs, et Jean, donnant la main à Benjamin, allait chez l'instituteur communal. Aussitôt après leur départ, Henriette se mettait à l'ouvrage, qu'elle ne quittait qu'à l'heure du retour de ses frères et de ses sœurs de l'école; alors, aidée encore de Lucie et de Jean, elle préparait le second déjeuner; après ce repas, les enfants retournaient à l'école, et Henriette reprenait son métier.

Au retour de la classe du soir, Lucie prenait un métier à dentelle, et commençait sous les yeux d'Henriette son apprentissage; la petite Annette se plaçait auprès de ses sœurs, et les regardait travailler, tandis que Jean faisait une lecture à haute voix dans quelque livre instructif et amusant qu'on empruntait à la bibliothèque paroissiale, établie par M. le curé.

Après le souper, on faisait la prière du soir en commun, et les deux plus jeunes se couchaient. Une heure après, c'était le tour de Jean; Henriette et Lucie veillaient jusqu'à dix heures en continuant leur travail, qu'elles égayaient de temps en temps par le chant de quelques cantiques. Lucie se couchait la première, et Henriette, avant d'aller la rejoindre, faisait une tournée dans la maison pour voir si tout était bien en ordre ; puis elle adressait encore à Dieu une courte prière, et se couchait auprès de sa sœur.

Le dimanche, cette intéressante famille se rendait exactement à l'église à la messe, aux vêpres et au catéchisme. C'était un spectacle touchant que de voir ces jeunes enfants entourant leur sœur comme une mère bien-aimée, et celle-ci marchant au milieu d'eux, leur souriant de temps en temps, sans cesser d'être grave, modeste et recueillie.

Après les offices, si le temps était beau, Henriette allait faire une promenade avec ses frères et ses sœurs dans les belles prairies arrosées par l'Orne, ou bien ils allaient faire une visite tantôt chez M. le curé, tantôt chez les sœurs, souvent aussi chez Mme Vausseur. Là Henriette s'entretenait de ce qui s'était passé dans la semaine qui venait de finir, de ce qu'elle se proposait de faire dans la semaine qui commençait, écoutait avec attention les avis et les conseils qu'on lui donnait, et se promettait intérieurement d'en profiter.

Elle ne se départit jamais de l'ordre que nous venons d'indiquer dans la distribution de son temps ; seulement elle lui fit subir quelques modifications à mesure que ses frères et ses sœurs avançaient en âge, et qu'en grandissant ils acquéraient plus de force pour l'aider dans le travail commun. Aussi, dès que Lucie eut fait sa première communion, elle se mit à travailler assidûment avec sa sœur. Sous sa direction, elle fit des progrès deux fois plus rapides que si elle eût fait son apprentissage avec des étrangers. Quel bonheur pour elle la première fois que Mᵐᵉ Vausseur lui remit une petite somme d'argent pour une pièce de dentelle commune à laquelle elle avait travaillé seule et sans que sa sœur lui eût aidé en rien ! Avec quelle joie elle rapporta à sa chère Henriette ce premier fruit de son labeur !

De son côté, Jean, qui avant d'entrer en apprentissage allait souvent chez son parrain, selon le désir manifesté par celui-ci, s'était non seulement accoutumé à connaître le nom et l'usage des divers outils de sa profession, mais il s'était souvent exercé à les manier, de sorte que, n'étant plus novice quand commença sérieusement son apprentissage, il put déjà, au bout de six mois, déposer entre les mains de sa sœur le premier produit de son travail.

Bien des personnes ne peuvent se faire une idée des bénéfices considérables que procurent l'ordre, le travail et un sage emploi du temps et de l'argent. C'est en cela pourtant que consiste la véritable économie domestique, aussi nécessaire aux riches qu'aux pauvres ; car, faute de cette qualité, je dirais presque de cette vertu, combien ne voit-on pas s'écrouler de fortunes qu'on croyait solidement établies ? Au contraire, avec son secours et celui du travail, des familles peu aisées et voisines de l'indigence sortent de leur misère, et s'élèvent peu à peu à un état de prospérité qui étonne le vulgaire et lui fait dire sottement : « Voilà des gens qui ont de la chance ! » tandis qu'ils n'ont que de l'ordre, de l'économie et l'amour du travail.

C'est ainsi que dès la troisième année après qu'Henriette fut chargée de la direction du ménage, elle était parvenue à faire à leur maison d'habitation les réparations les plus urgentes, à payer plusieurs dettes criardes qu'avait laissées son père en quittant le pays, à acheter quelques meubles indispensables en remplacement de ceux que sa pauvre mère avait été obligée de vendre pendant sa dernière maladie, et même à faire de temps en temps et discrètement quelques aumônes à de pauvres nécessiteux. Cependant toute la famille était convenablement vêtue, sans luxe, sans coquetterie, simplement, mais proprement; et la bonne santé épanouie sur la figure de tous ces enfants indiquait que leur estomac n'éprouvait aucune privation, et que si leur nourriture n'était pas recherchée, elle devait être du moins saine et suffisante.

En faisant ces remarques, plus d'une personne disait aussi que ces orphelins avaient eu de la chance; il est vrai qu'on ajoutait généralement qu'ils le méritaient bien. La mère Michaud surtout était émerveillée et ne pouvait revenir de son étonnement, en même temps qu'elle ne tarissait pas sur les éloges qu'elle donnait à Henriette et à ses frères et sœurs.

« Vous rappelez-vous, disait-elle un jour à Mme Vausseur, vous rappelez-vous que je ne pouvais pas m'imaginer que cette pauvre enfant pût jamais suffire à la tâche qu'elle s'était imposée ? Vous, vous prétendiez le contraire, et moi, tout en ayant l'air d'être à la fin de votre avis, j'avoue franchement que je ne le partageais pas du tout. Eh bien ! je reconnais maintenant que c'est vous qui aviez raison, et que moi j'avais tort. Mais aussi pouvais-je penser qu'il y avait dans cette frêle créature tant de force et de courage, d'énergie et de prudence? J'entends des imbéciles qui disent que probablement, pour faire tout ce qu'elle a fait, elle a trouvé un magot que sa défunte mère avait caché pour le soustraire à son dépensier de mari, qui dans les derniers temps jetait l'argent par les fenêtres; d'autres, aussi crédules et aussi niais, prétendent que vous recevez pour elle des sommes assez considérables de différentes personnes charitables de Blainville et d'Alençon, et que pour les lui faire accepter sans l'offenser, vous lui payez le double et même le triple de leur valeur les objets qu'elle confectionne pour vous, en prenant le surplus sur les sommes qui lui sont destinées.

— Oui, dit en riant Mᵐᵉ Vausseur, ce propos m'est déjà revenu aux oreilles, et je sais de quelle source il sort. Il vient tout simplement de la jalousie de certaines ouvrières qui travaillent bien sans doute, et depuis beaucoup plus longtemps qu'Henriette, mais que celle-ci a dépassées et a déjà laissées fort loin derrière elle. Toutes mes anciennes ouvrières, même les meilleures, ne savent que remplir un dessin tracé sur le vélin seulement, ou copier une dentelle donnée; mais depuis un an Henriette s'est mise à composer elle-même et à travailler des dentelles d'idée, et pour cela il faut de l'imagination, du dessin, du goût, la connaissance d'un grand nombre de *points* et la facilité de les employer, même d'en inventer de nouveaux.

Or Henriette a tout cela, et c'est ce qui manque aux autres. Alors il est arrivé que la maison Collignon, ou toute autre maison de gros, trouvant à son goût cette dentelle, l'a payée plus cher effectivement, non pas à cause de l'exécution en elle-même, mais à cause du dessin original dont elle a ainsi acquis la propriété. Pour copier une dentelle ou remplir un dessin donné, il faut sans doute une connaissance très étendue et une grande pratique de l'art : sous ce rapport, Henriette ne fait pas mieux, peut-être même pas aussi bien qu'un certain nombre de nos bonnes ouvrières ; alors, pour sortir de l'ornière et s'élever au-dessus de ses camarades, elle a imaginé de créer elle-même de nouveaux dessins et de travailler sa dentelle sans autres modèles que ceux qui étaient sortis de son cerveau. C'était presque de l'audace de la part d'une si jeune ouvrière ; et, quand elle m'en parla la première fois, je l'engageai à ne pas se lancer inconsidérément dans cette voie, où elle pourrait éprouver de cruelles déceptions, dont les moindres seraient la perte d'un temps précieux et d'une quantité assez considérable de fil d'une grande valeur. Mais, vous le savez, quand elle a pris une fois une résolution, il est difficile de l'en détourner. Malgré mes avis, elle a tenté cette entreprise, que je regardais presque comme une témérité, elle a réussi : ses dessins sont aujourd'hui non seulement acceptés, mais recherchés, et je ne doute pas que, si elle continue, elle n'obtienne bientôt des prix encore beaucoup plus élevés. Voilà la vérité sur ces prétendus dons, déguisés sous forme de salaire exagéré, dont on a voulu parler.

Je l'ai déjà dit à ceux qui m'ont fait part de ces bruits ; j'ai mieux fait : je leur ai montré la correspondance des maisons de gros, qui déclarent formellement dans leurs lettres payer *tant* pour la fabrication de la dentelle, — et c'est le prix ordinaire, — plus *tant* pour le dessin original de cette même dentelle, qui restera leur propriété. Je croyais qu'après une explication si simple, si péremptoire, ce bruit absurde serait tombé tout à fait ; mais, d'après ce que vous venez de me dire, je vois qu'il n'en est rien. Maintenant, mère Michaud, que vous comprenez la chose, j'espère que vous ne croyez plus un mot de ces inventions de la jalousie, et je vous engage à détromper ceux qui pourraient encore y ajouter foi.

— Moi, Madame, mais je n'y ai jamais cru, et j'ai toujours dit à ceux qui m'ont fait ces cancans qu'il n'y avait pas un mot de vrai dans tout cela. Et d'ailleurs, qui est-ce qui peut mieux savoir que moi la vérité sur ce qui se passe dans l'intérieur de cette petite famille ? J'y vais presque tous les jours ; j'y suis reçue comme si j'étais leur proche parente ; et ce que je puis dire, c'est qu'il n'y a rien de comparable à la bonté, à l'affabilité de ces charmants enfants. Quant à Mlle Henriette, vous ne m'étonnez pas quand vous me dites qu'elle a imaginé et exécuté ce qu'aucune autre ouvrière ne serait dans le cas de faire : elle fait tout ce qu'elle veut de ses dix doigts ; c'est une véritable fée, quoi ! Il y en a qui s'imaginent peut-être qu'elle ne sait faire que de la dentelle ! Ah ! bien oui ! Un jour la voilà qui pose là son métier et ses fuseaux, qui vous prend un coupon d'indienne, qui vous taille en deux tours de main un corsage de robe pour elle ou pour ses sœurs, puis la jupe, et vous coud tout cela avec une prestesse, une légèreté, que vous ne lui voyez pas tirer son aiguille ; et voilà tout d'un coup une, deux, trois robes fabriquées comme par un coup de baguette, et comme je défie à la meilleure couturière de Blainville d'en confectionner une. Et les bonnets, les collerettes, les cols, les chemises, croit-on qu'elle les achète tout faits ? Pas du tout ; c'est elle-même, aidée de Lucie, qui les fabrique, qui les raccommode, qui les blanchit, les savonne, les repasse, et ainsi elle épargne les frais d'une lingère et d'une blanchisseuse, aussi bien que ceux d'une couturière. Qu'on s'étonne après cela qu'elle fasse des économies, et qu'au lieu de recevoir la charité elle trouve encore moyen de la faire aux autres ! C'est à ne pas le croire, quand on pense aux nombreuses charges qu'elle a ; pourtant rien n'est si vrai, et moi qui vous parle, j'en suis une preuve vivante ; car, vous le savez, Madame, je ne suis pas riche, tant s'en faut ; j'ai même éprouvé l'année dernière de grandes pertes, qui m'ont jetée dans un embarras dont je ne suis pas encore sortie : eh bien, c'est cette chère Henriette qui seule est venue à mon aide, mais d'une manière si délicate, que je n'ai pas pu m'en défendre. Moi qui voulais autrefois lui rendre service par charité, c'est elle au contraire, je ne m'en cache pas, qui m'a soutenue dans ma détresse ; et, si je ne la retenais pas, je ne sais pas encore ce qu'elle ferait. Tenez, par exemple, comme je disais l'autre

jour devant elle, — histoire de parler seulement, car
je m'en suis bien mordu la langue après ; — comme
je disais donc que je ne savais pas où je pourrais
trouver désormais de quoi payer mon loyer, elle m'a
dit comme ça : « Mais si vous vouliez, ma bonne mère
Michaud, il y aurait un moyen de ne plus payer
votre loyer. — Quoi ! que j'ai fait, vous voudriez
peut-être le payer pour moi? Oh ! pour ça non, Made-
moiselle, je ne le souffrirai pas ; vous avez déjà assez
fait pour moi, et, si vous en reparliez encore, je me
fâcherais. — Mais non, bonne mère, qu'elle m'a
répondu en souriant avec ce petit air câlin que vous
lui connaissez et qui fait qu'on n'ose rien lui refuser
quand elle vous demande quelque chose ; mais non,
je ne veux pas payer votre loyer, parce que je n'en
aurais pas le moyen ; seulement je voulais vous pro-
poser un arrangement qui vous exempterait de payer
un loyer à l'avenir. — Et quoi donc serait-ce? que j'ai
fait. — Ce serait tout simplement de venir demeurer
avec nous : il y a là la petite chambre du fond où vous
mettriez votre lit et votre armoire ; vous ne seriez
gênée en rien dans vos habitudes ; nous arrangerions
dans le jardin une petite écurie pour votre chèvre; vos
poules resteraient dans notre cour ; vous mangeriez
avec nous, si ça vous convenait... — Oui, oui, ai-je
répondu en l'interrompant, c'est-à-dire que vous me
logeriez et vous me nourririez gratis ; car vous savez
bien que je n'ai pas le moyen de payer une pension
et que je n'ai pour vivre que les deux ou trois ménages
qu'on me donne à faire, et quelques journées par-ci

par-là pour couler la lessive, garder les enfants et quelquefois les malades. Je vous serais donc à charge, ma pauvre fille, et vous avez déjà bien assez de vos frères et sœurs, à qui vous vous devez, sans vous embarrasser d'une vieille femme comme moi, à qui vous ne devez rien. — Mais, a-t-elle insisté, vous ne nous seriez point à charge, au contraire. Vous continueriez à aller à vos journées, si cela pouvait vous faire plaisir; les jours où vous resteriez à la maison vous ne manqueriez pas d'ouvrage : ainsi vous feriez le ménage, et pendant ce temps-là Lucie et moi nous travaillerions à notre dentelle, ce qui augmenterait les bénéfices de nos journées. Enfin, a-t-elle ajouté, vous ne seriez pas chez nous comme une étrangère, mais comme une amie, comme une parente; votre présence seule nous rendrait même un grand service, car il n'est pas convenable, et j'y ai déjà songé bien des fois, que de jeunes filles comme nous restent seules, isolées, sans personne pour les protéger : eh bien, vous nous serviriez de mère; et à qui ce rôle convient-il mieux qu'à celle qui a été la meilleure amie de ma pauvre mère? » Et, en disant ces mots, elle avait les larmes aux yeux; et moi, je me sentais aussi bonne envie de pleurer. Enfin je n'ai pas osé lui refuser pour le moment; je lui ai demandé quelques jours pour réfléchir à la proposition; mais je ne pense pas devoir l'accepter.

— Et pourquoi ne l'accepteriez-vous pas? répondit Mme Vausseur; cette proposition montre toute la délicatesse d'Henriette, et jusqu'à quel point elle a le sentiment des convenances. Oui, elle a raison quand elle dit qu'il ne convient pas que de jeunes filles qui sont loin d'être laides, restent isolées et exposées peut-être aux insultes de quelques mauvais sujets.

— Oh! Madame, qui donc oserait insulter ces pauvres enfants, ou même tenir un propos léger sur leur compte? Mais tout le monde dans Blainville lui jetterait la pierre; car tout le monde les aime et les respecte.

— Cela est vrai; mais un étranger, un ivrogne peut fort bien, en rencontrant seules ces jeunes filles, leur adresser des propos déplacés, ce qu'il ne se permettrait certainement pas s'il les trouvait accompagnées d'une personne âgée, qu'il prendrait pour leur tante ou leur mère. Tenez, par exemple, pas plus tard que la semaine dernière, la petite Lucie est venue chercher de l'ouvrage, et, comme je l'avais fait attendre, elle n'a pu s'en retourner qu'à la tombée de la nuit. En passant dans la rue Verte, qui est, comme vous savez, passablement déserte, un homme s'est approché d'elle et a voulu lui parler. La pauvre enfant a été épouvantée, et a pris la fuite sans avoir entendu un mot de ce qu'on a voulu lui dire, sans avoir reconnu l'individu qu'elle a rencontré. Elle est arrivée chez elle toute tremblante, et a dit à sa sœur qu'elle ne voulait plus revenir seule chercher de l'ouvrage. Eh bien, si vous demeuriez chez ces enfants, vous les accompagneriez, et elles ne seraient pas exposées à ces inconvénients, qui ne feront même que s'accroître désormais, à mesure que ces jeunes filles, qui ne sont

6

encore, à l'exception d'Henriette, que des enfants, deviendront de jeunes personnes fort jolies ; car la petite Annette, qui approche de ses dix ans, ne le cédera en rien à ses sœurs dans quelques années. Vous comprenez, mère Michaud, que le bien le plus précieux de ces pauvres enfants est leur réputation, et vous savez qu'il ne faut qu'un souffle, un rien, pour ternir la réputation de jeunes filles abandonnées en quelque sorte à elles-mêmes. Vous leur rendrez donc un véritable service en venant habiter avec elles, en leur servant de chaperon ; et je crois que dans leur intérêt, bien plus encore que dans le vôtre, vous devez accepter la proposition d'Henriette.

— Soit, je ne demande pas mieux, et, si j'en avais cru mon propre cœur, je n'aurais pas hésité un instant ; la crainte seule de leur être à charge m'a retenue ; mais ce que vous venez de me dire me détermine ; j'en parlerai à M. le curé, et, s'il est de votre avis, j'irai porter ce soir la réponse à Henriette.

— Voyez le curé le plus tôt possible ; je serais bien trompée si son opinion sur ce sujet différait de mienne. »

Mme Vausseur savait fort bien que le digne ecclésiastique pensait comme elle ; plusieurs fois déjà il lui avait manifesté ses sentiments à cet égard, à mesure qu'il voyait grandir les enfants Touchain. Il avait même engagé Mme Vausseur à tâcher de trouver une femme honorable pour remplir ces fonctions, sans être une charge trop lourde pour les orphelins. Ils avaient bien pensé à la mère Michaud : elle remplissait toutes les conditions désirables sous le rapport de l'honnêteté, de la probité, des principes religieux ; mais elle avait parfois des caprices, des manies de vieillard qui rendaient difficile la vie commune avec elle ; de plus, elle était sujette à des infirmités qui, jointes à son état de pauvreté, constitueraient une véritable charge et un embarras pénible pour la jeune famille. Par tous ces motifs, M. le curé et Mᵐᵉ Vausseur avaient pensé que la bonne femme ne pouvait convenir. Mais l'initiative d'Henriette leva tous les obstacles ; car, avant de s'en ouvrir à la mère Michaud, elle avait fait part de ses intentions à M. le curé et à Mᵐᵉ Vausseur ; de sorte que c'était d'accord avec ce dernier que celle-ci venait de conseiller à la bonne femme d'accepter la proposition de son ouvrière.

Tout donc fut bientôt arrangé, et deux à trois jours après la mère Michaud fut installée dans la maison Touchain.

L'adoption de cette bonne femme dans l'intérieur de cette intéressante famille, soit qu'on l'envisageât comme un porte-respect qu'avait voulu se donner Henriette, soit comme une œuvre de charité qu'elle avait voulu exercer envers une ancienne amie de sa mère, tombée dans la misère et l'abandon, — et ces deux suppositions étaient également vraies, — cette adoption, dis-je, fit une certaine sensation dans la paroisse, et augmenta la considération, j'allais dire le respect qu'inspirait déjà Henriette.

A compter de ce moment aussi la prospérité de la maison augmenta ; les commandes abondaient, et les deux sœurs pouvaient à peine suffire à les remplir. Dans ces occasions, la mère Michaud, aidée de Jean et d'Annette, se mettait en quatre pour faire le ménage et préparer les repas, afin de ne pas déranger les jeunes travailleuses. « Vous voyez bien, bonne mère, lui disait Henriette : que deviendrions-nous si nous ne vous avions pas maintenant ? nous serions pourtant forcées de renvoyer de l'ouvrage.

—Ah ! oui, répondait la mère Michaud, il faut en profiter tant que ça va bien ; mais si mes rhumatismes me reprenaient, que deviendrions-nous ?

—Bah ! pourquoi se tourmenter d'avance ? répondait Henriette. Soyez tranquille, le bon Dieu pourvoira à tout, et ne nous enverra pas plus de mal que nous ne pouvons en supporter. »

Les rhumatismes vinrent, en effet, comme le craignait la mère Michaud, et la clouèrent pendant plus de six semaines dans son lit. Les soins les plus délicats, les plus attentifs, lui furent prodigués pendant tout ce temps avec un zèle, une prévenance qui ne se démentit pas un instant, malgré la mauvaise humeur et les emportements que la douleur excitait chez la malade. Il est vrai que quand elle fut rétablie elle demandait pardon des mouvements d'impatience qu'elle avait éprouvés, et remerciait avec effusion ses jeunes gardes-malades des soins qu'elles lui avaient donnés, affirmant que sans elle sa maladie eût duré au moins trois mois.

Malgré ces attaques de rhumatismes, qui prenaient à la mère Michaud deux ou trois fois par année, ordinairement au printemps ou à l'entrée de l'hiver, et qui occasionnaient à nos jeunes ouvrières une perte de temps assez considérable pour la soigner, l'état prospère de la maison alla toujours en augmentant. Sans doute, l'aide de la bonne femme, quand elle se portait bien, pouvait y contribuer pour quelque chose ; mais la véritable cause de cette amélioration était qu'Henriette se perfectionnait de jour en jour dans l'invention de nouveaux dessins, qui lui étaient de mieux en mieux payés ; que Lucie devenait aussi une ouvrière de première force, non pour inventer comme sa sœur, mais pour copier une dentelle ou remplir un dessin donné ; que la petite Annette commençait aussi à se distinguer, et promettait de marcher sur les traces de ses sœurs ; qu'enfin Jean apportait chaque semaine le produit, encore faible, de son travail, mais qui ne laissait pas de grossir l'épargne commune. Henriette disposait de son argent avec tant d'ordre et d'économie, qu'après avoir satisfait à toutes les dépenses nécessaires, elle avait encore trouvé le moyen de donner à chacun de ses frères et sœurs, et de prendre pour elle-même, un livret de caisse d'épargne qui se grossissait chaque semaine.

CHAPITRE VIII

La dernière épreuve.

Huit ans s'étaient écoulés depuis qu'Henriette avait courageusement accepté la tâche que sa mère lui avait léguée, à son lit de mort, comme un héritage sacré. Elle pouvait, en descendant dans les profondeurs de sa conscience, se rendre à elle-même le témoignage qu'elle l'avait fidèlement remplie. Aux yeux de tout le monde, elle s'en était acquittée de la manière la plus admirable ; aussi avait-elle conquis l'estime de tous. Sa réputation s'était répandue dans les environs de Blainville, et même jusqu'à Alençon. Ce qui est bien rare dans les petites localités, la médisance et la calomnie n'avaient jamais osé l'attaquer, et si la jalousie s'était un instant soulevée contre elle, elle s'était bientôt calmée pour faire place à l'estime et à l'admiration. Le moment était arrivé où cette tâche pouvait être regardée comme terminée, et où elle semblait toucher enfin à la récompense si bien méritée par tant d'abnégation et de dévouement.

Henriette avait vingt-deux ans, Lucie en avait dix-huit, Jean seize, Annette quatorze, et le petit Benjamin, qui venait de faire sa première communion, en avait douze. Des circonstances on ne peut plus favorables venaient de se réunir pour caser tous les membres de cette famille d'une manière avantageuse, et qui promettait d'assurer leur avenir.

Bien des fois, depuis quatre à cinq ans, Henriette avait été recherchée en mariage par des partis honorables, et beaucoup au-dessus d'elle, soit par la fortune, soit par la position sociale. Toujours elle les avait refusés en donnant pour motif qu'elle ne s'appartenait pas, qu'elle avait contracté l'obligation d'élever comme une mère ses frères et ses sœurs, et que jusqu'à ce qu'ils eussent atteint l'âge de pouvoir se suffire à eux-mêmes, elle ne pouvait les abandonner, ni prendre d'autres engagements.

Cette résolution ferme, invariable, résistant à tous les arguments, à toutes les propositions qui tendaient à l'ébranler, rebuta la plupart des prétendants. Tous se retirèrent, à l'exception d'un seul, qui était sans contredit le plus distingué sous tous les rapports. Celui-ci mérite une mention particulière.

Un jour Mme Vausseur était venue à Alençon rapporter à MM. Collignon et Cie une certaine quantité d'ouvrages confectionnés par ses ouvrières. On remarqua un point nouveau dont le dessin n'avait pas été fourni par la maison ; Mme Vausseur dit qu'il était de l'invention d'une de ses plus anciennes ouvrières, et là-dessus elle se mit à raconter l'histoire d'Henriette, qui intéressa vivement tous les auditeurs. Le chef de la maison, M. Collignon père, parut surtout l'écouter avec beaucoup d'attention ; il fit à Mme Vausseur différentes questions sur sa protégée, donna quelques éloges à la dentelle que celle-ci avait inventée, fit quelques observations critiques, mais bienveillantes, sur ce travail, en indiquant la manière de le perfectionner, et finit par donner une commande spéciale pour cette jeune ouvrière.

Quand Mme Vausseur rapporta ce nouveau travail, M. Collignon fut émerveillé des progrès qu'il remarqua dans l'invention, le goût et l'exécution de la jeune artiste. Il renouvela ses questions sur elle, et voulut l'encourager en lui donnant de nouvelles commandes encore mieux payées. C'est ainsi que commença pour Henriette cette amélioration sensible dans sa position, dont nous avons eu l'occasion de parler.

Depuis cette époque, chaque fois que M. Collignon voyait Mme Vausseur, il l'entretenait de sa protégée avec des marques d'un intérêt toujours croissant. Enfin un jour il lui dit : « Pensez-vous que Mlle Henriette se marierait, si elle trouvait un parti convenable.

— Pour le moment, je ne le pense pas, » répondit-elle ; et elle lui raconta les diverses demandes qui lui avaient été adressées, et qu'elle avait refusées par les motifs que nous connaissons.

« Ces motifs, reprit M. Collignon, sont on ne peut plus honorables, et ne font qu'augmenter mon estime pour cette jeune personne ; cependant ils me contrarient jusqu'à un certain point, car j'aurais eu à lui offrir un parti que je désirerais de tout mon cœur lui voir agréer, et ce parti, c'est mon propre fils.

— Comment ! s'écria Mᵐᵉ Vausseur au comble de la surprise, M. Jules, que vous venez d'associer récemment à vos affaires, et qui sera un jour votre successeur et le chef de votre maison ! Grand Dieu ! est-ce possible ?

— Et pourquoi cela serait-il impossible ? reprit en souriant M. Collignon ; est-ce que vous ne trouveriez pas ce parti convenable pour la jeune personne ?

— Oh ! Monsieur, pouvez-vous parler ainsi ! J'aime Henriette comme si c'était mon enfant ; personne mieux que moi n'apprécie ses rares vertus ; je la crois digne de faire un mariage beaucoup au-dessus de sa condition ; mais je n'en avais jamais rêvé pour elle un aussi beau que celui que vous lui proposez ; car, malgré les belles qualités que je lui connais, il lui en manque une essentielle, c'est une dot en rapport avec le rang où vous songez à l'élever.

— Une dot ! s'écria M. Collignon avec feu ; mais n'en a-t-elle pas une magnifique dans cet esprit d'ordre et d'économie dont elle a donné jusqu'ici tant de preuves ; dans cette aptitude au travail, dans ce dévouement admirable qu'elle montre pour sa famille ;

et surtout dans cette piété sincère et sérieuse qui apparaît comme le couronnement de toutes ses vertus ? Croyez-vous qu'avec cela une femme ne soit pas richement dotée, et qu'elle n'offre pas à un mari toutes les garanties qu'il peut désirer, pour trouver dans la compagne de sa vie une bonne épouse et une bonne mère de famille ? Vous me connaissez depuis longtemps, Madame, et vous savez que je n'ai pas pour habitude de traiter légèrement les affaires ; eh bien, dans celle-ci, qui est sans contredit d'une très haute importance pour moi et pour ma maison, soyez persuadée que je n'ai agi qu'après mûres réflexions, et après avoir pris tous les renseignements que la prudence paternelle prescrit en pareil cas. Je ne m'en suis pas rapporté uniquement à ce que vous m'avez dit sur cette jeune personne, votre attachement pour elle aurait pu vous induire en erreur ; j'ai contrôlé vos rapports par des informations dont l'exactitude ne saurait m'être suspecte, et j'ai reconnu que vous ne m'aviez dit que l'exacte vérité. Alors ma résolution a été prise. On me sollicitait en même temps pour une jeune personne qui apporterait en mariage à mon fils une dot de soixante à quatre-vingt mille francs comptants, avec la perspective d'un accroissement de fortune à la mort de certains grands parents ; mais cette demoiselle a reçu une brillante éducation dans un grand pensionnat de Paris ; elle est accoutumée à la toilette, à la dépense, aux amusements frivoles ; elle n'aurait probablement pas le goût du travail, et ne serait d'aucune utilité dans notre commerce;

Henriette, au contraire, avec sa rare intelligence, ses connaissances pratiques dans notre partie, serait pour notre maison un véritable trésor. Je n'ai donc pas hésité ; j'ai fait part de mes idées à mon fils, qui y a applaudi de tout cœur, et qui maintenant me sollicite vivement de demander pour lui la main de Mlle Henriette. Voulez-vous sonder les dispositions de la jeune fille ? C'est dans cette intention que j'ai désiré avoir avec vous, aujourd'hui, cet entretien.

— Je me chargerai avec d'autant plus de plaisir de faire cette démarche auprès de ma chère Henriette, que je regarde ce mariage comme tout ce qui peut lui arriver de plus heureux. Seulement je vous ai dit la réponse qu'elle a faite jusqu'ici ; je crains bien que, malgré tous les efforts et les avantages que lui offre cette union, elle ne puisse encore les accepter, par les raisons que vous connaissez.

— Eh bien ! dites-lui que ni mon fils ni moi nous ne prétendons nous opposer à ce qu'elle continue la noble tâche qu'elle a acceptée ; que, loin de là, nous la partagerons avec elle, et nous en ferons une condition expresse du mariage, laquelle sera au besoin stipulée dans le contrat. »

A une pareille proposition, Mme Vausseur n'avait plus d'objection à faire. Elle se hâta de retourner à Blainville pour annoncer à Henriette cette grande et heureuse nouvelle. Celle-ci en fut très touchée, et avoua que, de tous les prétendants qui s'étaient présentés, M. Jules Collignon obtiendrait certainement la préférence, et elle était libre; mais que, comme elle ne l'était pas, elle ne pouvait lui faire d'autre réponse que celle qu'elle avait faite aux autres.

« Mais puisqu'il ne s'oppose point à ce que vous continuiez votre bonne œuvre, reprit Mme Vausseur; qu'il s'offre même à la partager avec vous, et à en faire une des clauses du contrat?

— Je ne pourrais, répondit Henriette avec calme, mais avec fermeté, souscrire à de telles conditions; d'abord, parce qu'elles seraient trop onéreuses pour ceux qui les proposent, et que ce serait abuser de leur générosité que de les accepter; d'un autre côté, moi-même, en me mariant à présent, je contracterais des obligations en contradiction formelle avec celles que j'ai prises à la mort de ma mère. Comment mes nouveaux devoirs d'épouse, de maîtresse de maison, peut-être un jour de mère de famille, pourraient-ils s'allier avec ceux que je me suis engagée à remplir envers mes frères et mes sœurs? Pour moi, je n'en vois pas la possibilité, et je suis forcée de renoncer, à regret, j'en conviens, à l'honorable proposition que vous êtes chargée de me faire. »

Mme Vausseur eut beau insister, Henriette resta inébranlable. M. le curé, qui fut consulté, approuva au fond la résolution d'Henriette; toutefois il lui fit observer que sa réponse était trop absolue, que les causes qui s'opposaient actuellement à son mariage n'avaient pas une durée indéfinie, et qu'elle pouvait, sans prendre d'engagement formel dès à présent, déclarer que, quand les empêchements existant actuellement auraient cessé, elle serait disposée, si l'on y persistait, à accueillir la demande honorable dont elle était l'objet.

Henriette acquiesça sans difficulté à cette espèce de compromis, et quand Mme Vausseur en fit part à M. Collignon, celui-ci répondit après quelques instants de réflexion : « Oui, elle a raison ; cette constance dans ses résolutions ajoute encore à la haute idée que je m'étais faite de son caractère. Mon fils et elle sont encore assez jeunes pour attendre. Il n'a que vingt-deux ans, et elle dix-huit ; quelques années de plus ne feront que les mûrir l'un et l'autre davantage, et mûrir en même temps notre projet, qui pourra s'exécuter alors sans avoir le caractère d'une action irréfléchie, et faite avec trop de précipitation. »

Cette convention resta secrète entre les parties intéressées. Henriette, ses frères et ses sœurs continuèrent leur train de vie ordinaire, et ne changèrent rien à leurs habitudes de piété, d'ordre et de régularité ; on s'apercevait qu'à mesure que ces enfants grandissaient, ces bonnes habitudes se perfectionnaient et prenaient plus de force. C'est là le fruit ordinaire d'une bonne éducation.

Quatre ans se passèrent ainsi sans apporter de modification à l'existence de la petite famille. A cette époque, Lucie venait d'atteindre dix-huit ans ; elle fut demandée en mariage par un riche fermier de Blainville. Cette demande fut agréée ; seulement Lucie déclara qu'elle ne voulait pas se marier avant sa sœur aînée. MM. Collignon père et fils, instruits de cette circonstance, rappelèrent à Henriette sa promesse. Jean, l'aîné de ses frères, venait d'être placé à Alençon, comme ouvrier, chez le meilleur sellier de cette ville ; restaient les deux plus jeunes, et voici la proposition que fit M. Collignon à leur égard : Annette entrerait chez lui comme demoiselle de magasin, et Benjamin y serait employé en qualité d'apprenti au pair, jusqu'à ce qu'il eût atteint l'âge d'être reçu commis appointé. Ainsi ces deux enfants resteraient toujours sous sa garde, et elle exercerait sur eux la même surveillance, avec la double autorité de patronne et de sœur aînée. Quant à la mère Michaud, elle continuerait d'habiter la maison de Blainville, et de temps en temps elle viendrait voir *ses enfants* à Alençon, et passerait quelques mois avec eux.

Henriette n'avait plus d'objection à faire contre ces nouveaux arrangements ; elle n'avait que des actions de grâces à rendre à Dieu, et cependant son cœur était triste comme s'il eût été oppressé par quelque pressentiment funeste. Son amie, M*me* Vausseur, lui en faisait des reproches, et la questionnait sur la cause de cette tristesse extraordinaire, quand l'avenir lui souriait si brillant à elle et à ses sœurs. « Je ne pourrais pas vous en dire la cause, répondait-elle, je ne la sais pas moi-même ; jamais, dans mes rêves d'espérance et de bonheur pour mes frères et sœurs et pour moi, je n'aurais imaginé rien de comparable à ce qui nous arrive, et pourtant j'éprouve un malaise indéfinissable, comme si j'étais menacée de quelque malheur inconnu. »

Cependant tous les préliminaires du double mariage étaient terminés ; les bans devaient être publiés le dimanche suivant, et le jour de la cérémonie était fixé. Tout à coup une affaire de la plus haute importance appela M. Collignon à Paris ; son absence devait durer au moins trois semaines ; le mariage de son fils et d'Henriette fut remis à son retour ; mais celle-ci exigea qu'il ne fût apporté aucun retard à celui de sa sœur. Le mariage de Lucie eut donc lieu à l'époque indiquée.

Deux jours après cette cérémonie, et quand les fêtes auxquelles elle avait donné lieu duraient encore, M. le curé de Blainville reçut une lettre qui lui causa un trouble et une surprise extraordinaires ; elle était de l'aumônier du lazaret du Havre, et était conçue en ces termes :

« Monsieur le curé, nous avons dans notre établis-
« sement un malade débarqué, il y a quelques jours,
« d'un navire arrivant de l'isthme de Panama ; c'est
« le nommé Henri Touchain, votre ancien paroissien,
« qui était allé, comme tant d'autres, en Californie
« pour y chercher la fortune, et qui n'en a rapporté
« que la misère et d'incurables infirmités. Plusieurs
« cas de fièvre jaune s'étant déclarés à bord du na-
« vire pendant la traversée, tous les passagers et
« l'équipage ont été consignés au lazaret et sou-
« mis à une quarantaine sévère. Henri Touchain

« n'est pas atteint de ce fléau ; mais il est atteint
« d'autres maladies fort graves qui font craindre
« pour sa vie. Il me charge de vous écrire pour vous
« prier d'annoncer à sa femme son retour en France ;
« il la supplie de lui pardonner ses fautes envers
« elle, et l'abandon dans lequel il l'a laissée. Malgré
« tout le désir qu'il aurait de la voir avant de mou-
« rir et de lui demander ce pardon de vive voix, il
« comprend que c'est une chose impossible, puis-
« qu'elle ne pourrait entrer dans le lazaret sans être
« contrainte d'y rester tout le temps que durera
« la quarantaine, et par conséquent de se trouver
« exposée elle-même à l'attaque du terrible fléau.
« La seule grâce qu'il lui demande, c'est de lui
« écrire pour lui donner des nouvelles de ses en-
« fants, et de lui accorder un pardon qu'il croit
« avoir mérité à force de repentir et de souf-
« frances. »

Le curé ne put se dispenser de montrer cette lettre à Henriette.

« Oh ! mon Dieu ! s'écria-t-elle après l'avoir lue, je savais bien que quelque nouveau malheur nous menaçait ; ce n'était pas en vain que j'éprouvais un pressentiment qui était comme un avertissement du Ciel ! »

M. le curé chercha à la calmer en lui adressant de ces paroles touchantes qu'inspire la religion, et qu'Henriette était si bien faite pour comprendre. Elle l'écouta avec attention, et, quand il eut cessé de parler, elle dit avec cette résolution qu'elle savait prendre dans les grandes occasions : « Mon devoir est tout tracé : je vais partir pour le Havre ; je vais soigner mon père ; et tâcher de le sauver, s'il est possible, ou de recueillir son dernier soupir.

— Mais, mon enfant, songez-y : il ne demande qu'une lettre, et vous pourriez lui écrire à la place de votre mère ; votre présence ne saurait lui être d'un grand secours, et vous ne feriez peut-être que vous exposer à un danger inutile pour lui et funeste pour vous.

— Une lettre, monsieur le curé, pourait-elle remplacer la présence d'un enfant, les soins et les consolations qu'il a le droit d'attendre de sa fille aînée, de celle qui la première lui a donné le nom de père, et à qui il témoignait tant d'affection ? Je vous disais tout à l'heure que j'avais éprouvé comme un avertissement du Ciel ; et n'est-ce pas encore par la permission de Dieu qu'une circonstance imprévue a forcé de retarder mon mariage et de ne pas le célébrer en même temps que celui de ma sœur ? Si j'étais mariée aujourd'hui, je ne serais plus libre, et ne semble-t-il pas que Dieu m'ait laissé cette liberté comme pour m'indiquer ce que je dois faire ? Mon devoir de sœur aînée est rempli, il me reste à accomplir celui de fille. »

Le curé, touché de ces nobles sentiments, lui dit avec une émotion à peine contenue ; « Allez, ma fille, où vous pensez que le devoir vous appelle ; que Dieu vous bénisse, vous accompagne et vous préserve de tout accident ! »

Quand cette nouvelle fut connue, ainsi que la résolution d'Henriette, la consternation se répandit parmi tous ses parents et ses amis. M. Jules Collignon, qui avait assisté au mariage de Lucie, se trouvait encore à Blainville. Il mêla ses supplications à celles des frères et sœurs d'Henriette, de Mme Vausseur, de la mère Michaud, pour la détourner de ce projet. Tout fut inutile. Elle dit à M. Jules Collignon : « Si dans cette circonstance je ne remplissais pas mon devoir, je perdrais probablement dans votre estime, mais à coup sûr je perdrais dans la mienne propre ; et si j'avais ce malheur, je me croirais indigne de donner jamais ma main à un honnête homme. Ainsi, si vous tenez à notre union, laissez-moi faire ce que je regarde comme une obligation sacrée. »

On n'essaya plus de la retenir. Dès le soir même elle partit pour Rouen, où elle prit le chemin de fer, qui la transporta rapidement au Havre.

Six semaines après elle rentrait à Blainville, accompagnée de son père, qu'elle ramenait dans une voiture destinée au transport des malades. Le malheureux était perclus de tous ses membres par suite des fatigues, des travaux dans les placers et des excès de toute nature auxquels il s'était livré. Parfois il s'était vu en possession de sommes considérables en or, qu'il avait dissipées plus rapidement qu'il ne les avait gagnées. Enfin, quand la maladie l'eut réduit à l'impuissance de travailler, il fut pris du désir de revoir sa patrie, et il sacrifia pour ce voyage tout ce qui lui restait des monceaux d'or qu'il avait possédés : de sorte qu'il arriva au Havre plus pauvre qu'il n'en était parti, et avec une santé aussi ruinée que sa bourse.

Quand sa fille eut le courage d'aller s'enfermer dans le lazaret pour le soigner, il était à toute extrémité. Mais les soins intelligents, assidus de cet ange consolateur, le rappelèrent à la vie ; de douces larmes coulèrent de ses yeux quand il reconnut dans sa nouvelle garde-malade sa fille bien-aimée ; son cœur s'ouvrit à des émotions depuis longtemps oubliées. Quand l'époque de la quarantaine fut terminée, il demanda à être reconduit à Blainville, afin de mourir dans la maison où était morte sa femme, et d'être enterré auprès d'elle. Henriette acquiesça à ce désir, et le voyage s'accomplit plus heureusement qu'elle ne l'avait espéré.

Une fois installé dans son ancien domicile, Touchain, entouré de ses enfants, qui lui témoignaient la plus vive tendresse, se sentait renaître à la vie. Plusieurs fois il voulut parler de ses torts passés, de son repentir, du pardon qu'il implorait, Henriette l'arrêtait en lui disant : « Mon bon père, ne nous parlez pas de ces choses-là ; vous n'avez point de torts à vous reprocher envers vos enfants ; vous vous êtes exilé sous un autre ciel, dans d'autres climats, dans l'espoir de leur amasser une grande fortune : vous avez été trompé dans vos calculs, mais vous n'en aviez pas moins l'intention de les enrichir. C'est donc une simple erreur que vous avez commise, et qui donc ici-bas peut se flatter d'être exempt d'erreur ? »

Remis en paix avec lui-même par ces douces paroles, et plus encore par les consolations de la religion, qu'Henriette avait réussi à lui faire accepter, il attendait avec calme et résignation le moment où Dieu le rappellerait à lui ; car il sentait bien que les sources de la vie étaient taries en lui. Ce ne fut qu'environ dix mois après son arrivée à Blainville que ses souffrances cessèrent avec les derniers battements de son cœur.

Si pendant huit ans Henriette s'était montrée admirable de dévouement fraternel, on peut dire qu'elle se montra sublime de piété filiale dans l'année pendant laquelle elle donna des soins à son père malade, depuis le jour où elle était allée s'enfermer courageusement au lazaret jusqu'à sa mort. Toujours empressée, toujours souriante auprès de son malade, jamais elle ne fit entendre une plainte ou un mot d'impatience. Comme elle était bien résolue de ne pas donner suite à son mariage tant que durerait la maladie de son père, elle ne voulut jamais qu'on lui fît connaître les projets qui avaient été formés à cet égard, et qui étaient sur le point de se réaliser quand il était arrivé en France. Elle craignait, par un sentiment de délicatesse exquise, que son père ne fût affligé de ce que son retour avait empêché ou tout au moins retardé une union si avantageuse pour sa fille.

Après les délais exigés par les convenances, le mariage de M. Jules Collignon et de Mlle Henriette Touchain fut enfin célébré, sans pompe, mais au milieu des vœux et des souhaits les plus ardents de tout le pays pour le bonheur des deux époux. Il y a maintenant cinq ans que ce mariage a eu lieu ; nous n'étonnerons aucun de nos lecteurs en disant que celle qui avait été un modèle de piété filiale et d'amour fraternel est aujourd'hui le modèle des épouses et des mères de famille.

FIN

TABLE

Chapitre I. — Legs d'une mère mourante à sa fille aînée. . . 7
— II. — Marguerite Aubert et Henri Touchain. . . . 20
— III. — Le danger des mauvaises compagnies. . . 36
— IV. — A quoi peuvent entraîner les mauvaises compagnies. 51
— V. — Touchain retombe sous l'influence de Voichot. 67
— VI. — Henriette accepte le legs de sa mère. . . . 90
— VII. — Comment Henriette s'acquitte des engagements contractés au lit de mort de sa mère. . 108
— VIII. — La dernière épreuve. 126

14674. — Tours, impr. Mame.

Original en couleur
NF Z 43-120-8

www.ingramcontent.com/pod-product-compliance
Lightning Source LLC
Chambersburg PA
CBHW060141100426
42744CB00007B/853